しぐさで心理を読む方法

Yamanobe Toru
山辺 徹

JN018997

KAWADE夢新書

相手のしぐさを観察すれば心の中が読みとれる
――前書き

あなたは、相手の目を真っすぐに見てウソをつくことができるだろうか。

きっとできないはずだ。それはあなたが正直な人だからだ。でも正直なのはあなたばかりではない。ほとんどの人は、ウソをつくとき目をそらしたり、そのくせわざと明るく振る舞ったり、まわりくどく説明しようとしたりする。注意深い人ならそれだけで、「この人はウソをついているな」とわかる。

わからないように、うまく隠そうとすればするほど、ちょっとしたしぐさにウソがあらわれてしまうのである。だから、平気で「私はウソは申しません」という顔やしぐさをしている人のほうがじつはウソつきで、下手なウソしかつけない人のほうが正直ということができる。

そして私が見る限り、ほとんどの人が下手なウソしかつけない、正直な人なのである。

こう書くと、注意深いあなたなら、その言い方にはちょっとクセがあるなと見抜かれたかもしれない。

なぜなら、「私はウソは申しません」と、上手に言いくるめられれば、私はその人を正直な人だと信じてしまう。それでは世の中に、不正直な人などいなくなってしまうという理屈になる。しかしそれはそれでいい。

下手なウソをつく人も不正直、上手なウソをつく人も自分を騙《だま》そうとする不正直な人だと思えば、それだけで世の中はつまらなく見えてしまう。世の中は光の当て方しだいでどのようにも見える。

だとしたら、みんな根は正直で、一生懸命に生きていると考えたほうが心が軽くなる。ただ、上手にウソがつける人に騙されっぱなしではつまらない。だからそこはちゃんと相手のしぐさを観察して、「まだまだアマイね」と言えるぐらいにはしておきたい。

人間の心の内は、何気ないしぐさの中に怖《こわ》いほどあらわれる。ときとしてそれは、言葉よりも強く親しみを伝えるサインになるし、拒絶も、怒りも能弁に物語る。見せたい自分だけでなく、隠したい自分もしぐさの中に色濃くあらわれる。

大切なのはそのサインをきちんと読み取れるかどうかだ。そして、その方法はそんなに難しいものではない。ポイントは二つ。

第一に心の奥底はしぐさにあらわれると信じること。第二は、それを信じて観察を怠《おこた》らないことだ。コナン・ドイルの描いたシャーロック・ホームズは、この二つを忠実に守って、名探偵になった。

「心理学」というと、堅苦しい学問になる。しかしそれを究《きわ》めなくても、ヒューマン・ウォッチングに興味さえあれば、ウソが下手な好人物か、ウソが上手な危険人物かはある程度わかるようになる。何より、下手なウソを一生懸命つきたがる人間の不思議さに興味がわく。つまり、人間ツウになるはずだ。

このように、手や腕の動かし方、目線、姿勢、うなずき、咳払い……など、私たちがふだん無意識のうちにしているしぐさから、その人の心理を読むことができるのだ。これら、言葉をともなわない方法で気持ちを相手に伝えるコミュニケーションを、心理学では「非言語コミュニケーション」と言っている。

この「非言語コミュニケーション」をよく観察することが、対人関係をうまく築いていくうえで非常に大切なことなのだ。

また、誰もがつい、反射的にしてしまうしぐさ――たとえば、バツが悪いときに頭をかいたり、咳をするときゲンコツを口もとにもってきたり、人の前を通るときに手刀を切ったり――そんなアクションをついついしてしまうのは、どんな心理状態なのか、ココロの不思議について探ってみた。

さらに、日本人には日本人特有のしぐさ、イギリス人にはイギリス人特有のしぐさというものがある。子どもには子ども特有のしぐさ、女性らしいしぐさ、男性らしいしぐさというものもある。

そんな、しぐさにあらわれる国民性やお国がら、年齢や性別、日本人の文化と精神についても探ってみた。

しぐさにあらわれるさまざまな心理の不思議を知れば、人とのコミュニケーションが、またいちだんと楽しくなるはずである。

山辺　徹

しぐさで心理を読む方法／目次

1章

隠された敵意・好意はこのしぐさから読みとれる

▼例えば相手への拒絶は、指のしぐさでわかる——

目線でわかる相手への好意と服従 16
相手を見下ろして話す人の心理とは 16
上目使いに相手を見るのはどんなサイン？ 18
視線をそらせるのは拒否のサインだ 20
あごの向きでわかる相手へのプライド 21
あごを上げて話す人の心理とは 21
あごを引いて話す人の心理とは 23
鼻のさわり方でわかる相手への拒絶とウソ 25
指の腹で鼻をこするのはどんな心のサイン？ 25

鼻の下を指の背でさする時の心の中は？　26
手のしぐさでわかる相手への本当の気持ち　28
彼女が頰や耳をいじって話をしている時の心理とは　28
頰杖をつくのは満たされない気持ちなのか？　30
女性が自分の髪をしきりにさわる時の本心は？　31
手で頭や顔をやたらにさわるのは不安感の表れだ　33
あごをつまんで考える人はそっとしておこう　34
手を目にもっていくのは、心に動揺がある証拠　36
手をどう動かすかで「イエス」か「ノー」かがわかる　38
座る時の足のしぐさでわかる相手への信頼度　40
男性が足を開いて座るのは相手をどう思っている？　40
足を組んで座るのはリラックスか緊張か？　42
腕を組んでいる時、相手は何を考えているか　43
腕を高い位置で組んでいる時の心理とは　43
腕を低い位置で組んでいる時の心理とは　45
ネクタイを直すのはこんな心の表れ　46
相手との距離で親密度がわかる　48
四五センチ以内なら相手との親密度は濃厚だ　48

❷章 相手の深層心理は何気ない身ぶりから見抜ける

▼例えば不安や緊張は、手足のしぐさでわかる――

目の動かし方でわかるその人の精神状態 52
しきりにまばたきをするのは恐れの表れ 52
心が動揺すると、目はキョロキョロと落ち着かなくなる 54
自分に自信が持てない人は相手の目を凝視する 55
好きなものを見ると瞳孔が開いてしまう 57
サングラスは気の弱さも隠そうとしている 58
口元の動きでわかるその人の本心 59
唇をなめるのは並々ならぬ興味の表れ 59
唇を噛みしめているのは、反撃される一〇秒前かも 61
口の両端で相手の機嫌がわかる 63
顔をどちらに向けるかでわかるその人の欲望 65
自己主張の強い人は顔の右半分を見せたがる 65
顔の左側を見せたがる人は相手に好印象を与えたい 66
手足のしぐさでわかるその人の緊張度 67

緊張していると、身近なものに触りたくなる？ 67
タバコをしきりに吹かすのはどんな心理状態？ 69
貧乏揺すりはこんな深層心理の表れだ 70
隠そうとしてもわかる怒りのしぐさ 71
腹を立てているのはこの表情ですぐにわかる 71
怒りを抑えている人の特有のしぐさとは 73
自分を隠したい時はなぜか逆の行動をとる 74
臆病者ほど大声でしゃべりたがるのはなぜ？ 74
うなずきにはこんな心理が隠されている 75

❸章 マンウォッチングこそ人の性格を知る第一歩だ

▼例えば気性の激しい人は、話すしぐさでわかる――

初対面の話し方でわかる相手の性格 78
挨拶にはこんなに人柄が表れる 78
おじぎをする時に上目使いに見る人の性格は？ 79
会ったばかりでもなれなれしい話し方をする人の性格は？ 80
親しげに相手の体を触りながら話す人の性格は？ 82

見知らぬ人でも平気で声をかけられる人の性格は？　83
握手の仕方でわかる相手の性格　84
しっかり手を握る人は行動的な性格　84
握手を握り返さない人はルーズな性格　86
笑い方でわかる相手の性格　87
口の端をゆがめて笑う人には要注意！　87
大きな口を開けて笑う人はどんなタイプ？　89
口を開けないで笑う人はどんなタイプ？　90
「ワッハッハッハ」と笑う人はリーダータイプ　91
「クスクス」と笑う人は八方美人タイプ　92
「ハハハハハ」と笑う人は小さな幸せを喜べる人　93
「クックックッ」と笑う人は猜疑心が強い　95
歩き方でわかる相手の性格　96
堂々と歩く人の意外な人柄とは　96
協調性がない人は歩き方でわかる　98
好奇心にあふれている人は歩く速度が調節できる　99
電話のかけ方でわかる相手の性格　100
受話器の持ち方に仕事の意欲が表れる　100
電話のコードをいじりながら話す人の人柄は？　102

受話器を肩にはさんで電話をする人の心理状態 103
ピンチの時にこそ本当の性格が表れる 104
やたらに卑下する人はどんな人か 104
やたらに相手を非難する人はここが欠点だ 105

4章 こんな動作を思わずしてしまう心の不思議

▼例えば失敗した時、つい舌打ちをする心理とは——

考え込む時、つい上を向く心理とは 108
もの思いにふける時、つい腕を組む心理とは？ 109
記念写真の時、ついおどけたポーズを取るのは？ 111
嫌なことがある時、つい舌打ちをする心理とは 112
ホッとした時、ため息をつく心理とは 114
バツが悪い時、つい頭をかく心理とは 115
咳払いをする時、口の前でゲンコツをつくる心理とは 117
腹が立つと体がブルブル震える心理とは 118
舌を出すクセのある人の心理とは 120
イスにそっくり返り後頭部に両手を当てる心理とは 121

ろれつがまわらなくなると頬をひっぱたく心理とは　123
喫茶店でカップやおしぼりを弄ぶ心理とは　124
ガムを踏んだ時、靴の裏を背中越しに見る心理とは　125
長い傘の持ち歩き方でその人の心理がわかる　126
話す相手を指でさしてしゃべる心理とは　128
張り切ると指をポキポキ鳴らす心理とは　129
急いでないのにエスカレーターで歩いてしまう心理とは　130
満員のエレベーターや電車の中では黙りこくる心理とは　131
満員電車の中で眠くもないのに目をつむる心理とは　133
つま先は口先よりも人見知りをする?!　134
探し物をする時、独り言を言う心理とは　135
爪を噛む人の心理とは　136
女性がひざを抱えて座っている時の心理とは　138

5章　いつものジェスチャーには国民気質が見事に表れる

▼例えば人の前を通る時、日本人が手刀を切る心理とは――

耳たぶの触り方一つにも国民性が表れる　140

人の前を通る時、日本人が手刀を切る心理とは 141
挨拶の時、日本人が頭を下げる心理とは 143
歩く時にポケットに手をつっこむ日本人の心理とは 145
日本人は昔、右手と右足を一緒に出して歩いていた?! 148
アメリカ人は話を聞く時あいづちを打たない 150
フランス人がよく「もみ手」をする心理とは 152
口を隠して笑うのは欧米ではタブー 153
かしこまって体の前で手を重ねるのは日本人だけ? 155
日本人はスキンシップが嫌い? 157
東京人は英国人気質? 大阪人はイタリア人気質? 159
国によってさまざまな意味をもつOKサイン 161
恋人同士が人前でキスをする心理とは 163
ヨーロッパでは「アカンベー」はどんな心のサイン? 165
日本人が顔で笑って心で泣く心理とは 167
日本人はなぜ「ジャパニーズスマイル」をするのか 169
親指立ての「OK」サインはローマ時代から 171
侮辱のVサインを勝利のサインに変えたヨーロッパ人の心理 172

⑥章

▼例えば人とすれ違う時、男と女では体のねじり方が逆になる心理とは――

なぜ男と女、子供と大人は別のしぐさをするのだろう

「ダメ」と言われるしぐさをしたくなる子供の心理とは 176
試験が迫るとテレビゲームをしたくなる心理とは 178
子供が鉛筆を噛んでしまう心理とは 180
若者が街中でしゃがむ心理とは 182
人前で入れ歯を出し入れする心理とは 183
人とすれ違う時、男と女では体のねじり方が逆になるわけ 185
なぜ女性は指輪をしたがるのか 186
なぜ女性は化粧をするのか 187
なぜ女性は相手をじっと見つめるのか 188
なぜ女性は〝井戸端会議〟をするのか 190
なぜ男性は理屈っぽいのか 192
男性がパンツ一枚で部屋の中を歩き回る心理とは 194
酔ったおじさんたちが肩を組んで歩く心理とは 196

本文イラスト◉相馬公平

❶章

隠された敵意・好意はこのしぐさから読みとれる

――▼例えば相手への拒絶は、指のしぐさでわかる――

目線でわかる相手への好意と服従

相手を見下ろして話す人の心理とは

チャップリンの『独裁者』という映画の中に、チャップリン扮《ふん》するヒトラーがムッソリーニと理髪店で会見するシーンがあった。優位に立ちたいヒトラーは、自分が座っているイスを高くしてムッソリーニを見下ろす位置に置く。

すると、ムッソリーニも負けずにイスを上げる。そうして火花を散らし合っているうちに、二人のイスはとうとう天井まで届いてしまうというシーンだ。

二人の独裁者、というより人間の心理をじつにうまくとらえた、チャップリンの演出だった。相手より優位に立ちたいと思うとき、人は目線を意識する。自分が相手を見下ろすポジションを占めたいと無意識のうちに考える。

相手を見下ろす行為は、威圧《いあつ》感を与え、心理学で言う**「服従行動」**を求める無意識の行為なのである。心理学的には、二メートル前後離れて相手を見下ろすと、もっとも威圧感を与えられることがわかっている。

学校の教壇が高いのも、裁判長席が高いのも、みなこれに関係している。もちろん、全体を見渡しやすいという理由もあるが、それ以上に相手に威圧感を与え、発言に重みを加えたいという意識が働いている。

アメリカでおこなわれた研究では、社会的地位の高い人物ほど背が高いと思われる傾向があるという。また、過去の米大統領選では、身長の高い候補者のほうが有利だという結果が出ている。

つまり、身長が高く、目の位置が高くて、相手を見下ろす人ほど有能な人物と見なされるというわけである。

朝鮮戦争のとき、開城でおこなわれた国連軍との休戦会談で、北朝鮮軍がこの手をつかった。北朝鮮の主導でおこなわれたこの会談で、テーブルをはさんで、双方の代表者たちが着席したとき、国連軍の代表者たちが相手側を見上げるかっこうになった。

国連軍側のイスが約四インチ（10センチ）ほど低くなっていたのだ。

国連軍側はイスをかえるよう抗議したが、イスが取りかえられる間、中国・朝鮮軍側のカメラマンが写真を撮《と》りまくり、国連軍代表を見下ろす立場にいる中国・朝鮮軍代表の姿がしっかりとカメラに収められた。

自国優位で休戦協定を結ぶのだ、という印象を、相手に与えようとする露骨な意図が見えるが、印象づけの有効な手段として選ばれたのが、相手を見下ろす立場を占めるということだった。

「ちょっと、ちょっと、ボクの話を聞いてよ」という人間はたいてい、身のまわりにあるものを利用して、ちょっと高い場所を占める。これは自分のほうが見上げられる位置を占め、発言に説得力をもたせたいという無意識のあらわれなのである。

上目使いに相手を見るのはどんなサイン？

相手を見下ろすというサインがある一方で、それを逆手《さかて》にとって、上目づかいで相手を見上げるというサインもある。

これは、相手を見下ろしたいという心理が、万人に共通しているからこそ成り立つサインだ。意識、無意識にかかわらず、相手を上目づかいに見るのは、「見下ろして服従を求めたいのなら、私がすすんで下から見上げてあげましょう」というサイン。

女性の上役といっしょに歩いている男性の部下が、上司が何か話しかけるたびに、腰と首を窮屈《きゆうくつ》に曲げて、何とか目線を下にしようと努力しているのを見て、微笑《ほほえ》ましく思ったことがある。

動物行動学者のデズモンド・モリスは、その著書『マンウォッチング』(藤田統・訳 小学館)の中で、**服従**のもっとも重要なポイントは、自分を小さく見せることで、これには二つの方法があり、一つは体を縮めて丸くすること、一つは攻撃者より姿勢を低くすることである、と述べている。

最近は背の高い女性も増えているし、それでなくても女性はヒールの高い靴をはいているから、男性と肩を並べて歩いているカップルもよく見かける。

注意して見ているとおもしろいのだが、こちらのほうは男性が何か言うたびに、女性のほうが首を傾《かし》げて男性より目線を低くしようとしている。

どちらのケースも、下手《したて》に出ているという自分を相手にわからせようとするサインを、目線で出していることになる。

好意のあらわれだし、下手に出られて悪い気はしない。カップルの男性もまんざらでもないという顔をしているが、それに気を許してあまり威張《いば》らないほうがいい。彼女は意識して目線を低くしているのだ。

もしも彼女を怒らせれば、目線一つで、あっと言う間に優位さがひっくり返されることだってある。さっきまで首を傾げて「な〜に？」などと言っていたのが、上のほうから見下ろされて「何よっ！」とならないわけでもないのである。

視線をそらせるのは拒否のサインだ

好きでもない人からデートに誘われたとき、一発でことわる有効なサインがある。それは、プイッと顔をそらせることである。これはかなり強烈な**「拒否のサイン」**になる。

こんなシーンを考えてみればよくわかるだろう。

見知らぬ男性に街角でナンパされたとき、相手の男性の顔を見ながら、「いま友人を待っているところだから」とことわっても、相手は食い下がってくるだろう。だが、「お茶しない？」と言われて、プイッと横を向いたらどうだろう。二言三言はあっても、相手はすぐにあきらめてあなたのそばを離れていくはずだ。

心理学では、視線を合わせることを**「アイ・コンタクト」**と言うが、相手に好意を示す親愛のサインがあると考えられている。

だから、相手の目を見ながらだとことわっても、ずうずうしい相手なら、「多少脈があるかもしれない」と考えてしまう。相手の思い込みのチャンネルをプツンと切ってしまうのが、視線をそらす行為だ。

「見るのもいやだ」というのはおおげさだが、それに近い感情で、相手に好意をもっていない、話もしたくないというサインだと考えていい。

顔をそむけるのは無作法で、相手に強烈なパンチを見舞うようなものだから、よほど注意しなければならない。

こんなに極端でなくても、友人同士で話していて、相手がちょっと視線をそらすということがある。これも緩《ゆる》やかな拒否のサインである。相手はその話題に興味がなかったり、避けたがっていると思ったほうがいい。

誰にでも、あまり触《ふ》れられたくない話題というものがある。そんな相手のサインを見逃さないためにも、きちんと目を見て話すことが大切だ。

あごの向きでわかる相手へのプライド

あごを上げて話す人の心理とは

最近はあまり見かけなくなったが、少し前は腹とあごを突き出して、豪快《ごうかい》に「ガハハハハ」と笑う人がいた。

男性なら、「先生」と呼ばれたがる人たちに多かったのではないか。

女性にもいた。「ざあます」言葉をつかう、いわゆる有閑《ゆうかん》マダムと言われる人々だ。「さようでござあますか、オホホホホ」などと、手で口を隠して上品に笑うときでも、しっかりあごが上がっている。

自分をエライと思わせたい人々に共通するポーズ、相手を軽蔑《けいべつ》するポーズが、あご上げだ。あごが上がるとどういう表情になるか。試してみるとわかるが、視線の下で相手をとらえることになる。

高いところから相手を見下ろすのと似たような視線になるはずだ。前出の動物行動学者デズモンド・モリスは、自分を尊大に、上位に見せるちょっとした動作を**「優越信号」**またば**「軽蔑信号」**といい、目を半ば閉じて頭を後方へそらすしぐさだと述べている。つまり、あごを上げるしぐさである。

「先生」と呼ばれたり、「奥様」と呼ばれると、相手を見下ろしたくなる。その無意識の心理が、あご上げとなってあらわれてくるのかもしれない。

そんなことをしてまで自分をエラク見せたいと思うこと自体、虚勢《きょせい》を張《は》っている証《あかし》でも

▲あごを上げるしぐさは、相手を軽蔑し、虚勢を張っている。

ある。映画やテレビドラマの中などで、ケンカをしている男性がスゴミを利《き》かせるシーンでは、かならずと言っていいほど、このあご上げのポーズをとっている。

「なんだとう」とスゴミを利かせて、あごを上げて相手をにらむ。相手より自分のほうが強いんだという虚勢のポーズである。

このような人たちは、虚勢を張らなければ生きていけないのだと思えば、あごを上げてふんぞり返っている人に対する見方もかわってくるはずだ。しょせんは張《は》り子の虎《とら》なんだなと思って見てあげればいい。

あごを引いて話す人の心理とは

これとは反対に、あごを引いて話すときは、**「猜疑《さいぎ》心」**や、**「自己防衛本能」**が強くあらわれるときであることが多い。

あごを引くのは、体を丸くして身を守るポーズである。ボクサーがリングの上で闘って

▲あごを引くしぐさは、猜疑心と自己防衛本能のあらわれ。

いるとき、このポーズをとっている。目は上目づかいになるが、この場合はもちろん服従のサインではない。

ハリネズミのように油断なく相手をうかがい、相手が攻撃を仕掛けてくれば、ハリを逆立てて身を守る。

いつもしっかりガードを固めていなければ安心できないタイプの人が多い。こういうタイプの人と話をしているとき、その人があごを引いて上目づかいにあなたを見ているとしたら、話題をかえたほうがいい。

人は誰でも生後四か月たつと、攻撃に対して身を守る**「防御行動」**をとるようになるという。体を小さく丸め、うずくまるのが防御の動作だが、あごを引くのはその第一段階。

あなたの話を疑っているか、触れられたくない領域に踏み込んでいる可能性が高いからだ。いずれにしても、あまり好意をもたれていないと思ったうえで、その後の対応を考えたほうがよさそうだ。

鼻のさわり方でわかる相手への拒絶とウソ

指の腹で鼻をこするのはどんな心のサイン?

一般に、指の腹で鼻をこするのは消極的な「拒絶のサイン」と考えられている。私たちは、真剣に考え事をしていて答えが出ないでいるとき、無意識のうちによく手を顔にもっていく。

目をこすったり、あごをさすったり、両手で顔をはさみ込んだりしている。これは誰にでも共通する一種のクセのようなものだ。

考えがまとまらずに、イライラしているときも、思わず手で顔をさわっている。とくに顔の真ん中にあってさわりやすい鼻は、無意識のうちに手がいきやすい場所となる。

たとえば、あなたが誰かに何か頼み事をしているとする。借金を頼んでいるのでもいいし、彼女との仲をなんとか取り持ってくれないかと頼んでいるのでもいい。窮状《きゅうじょう》を訴えて、何とかしてもらえないかとお願いしているときに、相手が無意識のうちに鼻に手をやり、つまんだり、さすったりしているときは、あまり脈がないと覚悟したほうがいいかも

▲指の腹で鼻をこするしぐさは、拒絶の心理とイライラを示す。

しれない。

おそらく相手はいろいろと考え、あなたの依頼事を引き受けるのは無理だなと思っているはずだ。そんな相手の葛藤《かっとう》が、無意識の手の動きに出ている。「何とか相手を傷つけずに、うまくことわる方法はないか」と考え、それが見つからずにイライラして、思わず鼻に手がいっているのだ。

もちろん、たまたま鼻が痒《かゆ》かったということもあるし、すべてがそうとは断言できない。しかし、そんな心のあらわれが無意識に出ることが多いようだ。

鼻の下を指の背でさする時の心の中は?

これも単なるクセというケースがあるから、一概にそうとは断言できない。だが、相手があなたと話をしながら、ときどき鼻の下を指でさすっていたら、一応眉《まゆ》にツバをつけて聞いていたほうがいい。

鼻の下を指の背でさすったり、口のあたりに手をやるときは、話の内容に自信がもてないか、ウソをついている可能性がある。

人は**「ウソ」**や**「隠し事」**をしようとするとき、無意識のうちに口を隠《かく》す。これはウソの出どころを隠したいという心理のあらわれだ。だが、同時に口を隠すことによって、いかにもウソをついていますと、相手に知られることも恐れている。

この微妙な葛藤のうちに、無意識に口にもっとも近い鼻の下に手をやると考えられているのである。

▲鼻の下を指の背でさするしぐさは、ウソや隠し事をしている。

人は誰でも正直でありたいと思っているはずだ。だから、自分が真実であると思っていることを話すときは、堂々としている。まったくのウソか、疑わしいなと思っていることを真実らしく話さなければならないと思うから、そこに心の葛藤が生まれる。

そしてその葛藤が、言葉そのものにあらわれたり、何気ないしぐさにあらわれたりする。

ちょっとイジワルかもしれないが、そんなことを頭に入れておいて、友達の話を聞いていると、けっこう楽しいものだ。

不安げに顔に手をやるときが話の内容に確信がもてないところだから、相手の弱点もつぶさに見えてくるというものだ。

手のしぐさでわかる相手への本当の気持ち

彼女が頬や耳をいじって話をしている時の心理とは

注意深く観察していると、女性はよく話しながら手を顔にもっていく。夢中になって話しているうちに、耳をつまんだり、両手で頬《ほお》をはさんだりする。

こんなとき、彼女は自分の夢の世界に入り込んでしまっているということがある。何を話しているかという話の内容より、話をしている自分に陶酔《とうすい》しているのだ。

「かわいそうなお友達がいるの」と話し始めた内容が、相槌《あいづち》を打って聞いているうちに、彼女自身がどんなにその友達をかわいそうに思っているかにかわっていってしまう。「本当に気の毒で見ていられない」とか、「かわいそうで一緒に泣いちゃった」などという話になってくると、知らぬ間に両手で頬をはさんでいる。

高ぶって熱くなってしまった自分の頬を冷やし、気持ちを静めようとしている動作とも考えられる。あるいは不幸な友達の境遇に同調して、彼女自身が「**自己親密性**」を求めているとも考えられる。

「自己親密性」については、あとでくわしく書くことにしよう。

どちらにしてもこんなとき、「友達の話は一体どうなっちゃったの」などと、話の本筋に引き戻すのはヤボというものだ。そんなことをすれば、あなたはデリカシーのない人と思われかねない。

男は筋道をきちんと立てて、話を結論に導こうとする傾向がある。しかし、女性との会話ではいつもそれが正しいとは限らない。

むしろ彼女は、友達を気の毒に思っている自分の気持ちとの同調を、あなたに求めているのだ。だから、彼女の手がさりげなく耳や頬にいくようになったら、話に陶酔している彼女自身を理解してほしいと思っているのだなと考えたほうがいい。

さりげなく相槌を打ちながら、「君って本当にやさしいんだね」と言ってあげるのが、あなたのやさしさを示すことになるかもしれない。

頬杖をつくのは満たされない気持ちなのか？

静かなバーのカウンターで、カクテルを前に置いて女性が一人で座っている。その女性が頬杖《ほおづえ》をついているのを見たら、あなたはきっと声をかけたくなるだろう。

そんなときのあなたの正直な心の内を分析すると、二つの思いが渦巻《うずま》いているはずだ。一つは、「彼女の心は満たされていないはずだ」という思い。もう一つは「誘ってみたらわりと簡単にＯＫと言いそうだ」という思いではないのか。

じつはその思いは、はずれていない。頬杖は、前に触れた**「自己親密性」**をもっともストレートに示す行為だし、それがあらわれるということ自体、誰かにいまの状態をかえてほしいという無意識のサインでもある。

逆に言えば、頬杖をつくクセのある女性はナンパされやすいので、そんな気がなければ、知らない人の前ではあまり頬杖はつかないほうがいいとも言える。

人間は誰でも、不安や寂しさを抱えているとき、信頼のおける人の中に包まれていたいと願う。赤ん坊のとき、泣いていると母親がどこからともなくやってきて、さっと抱き上げてくれた。そして、あやしてくれたり、お乳を飲ませてくれた……そんなときの記憶を何年たっても記憶の底に残している。

▲頬づえをつくしぐさは、満たされない心のあらわれ。

心が満たされないとき、無意識のうちに自分の体にさわっているのは、自分自身に仮の親密性を求めているからだ。これを「自己親密性」という。頬杖は、満たされない心を埋《う》めたいと願う、ストレートな表現なのだ。

もちろん、「自己親密性」を求める気持ちは女性だけにあるわけではない。だから男性も頬杖をつく。

もしもあなたがデートに遅れてしまって、待ち合わせの場所で彼女（彼氏）がぼんやりと頬杖をついているのを偶然見つけてしまったら、いまのあなたに満たされない何かを感じていると思ったほうがいいかもしれない。

目の前で頬杖をつかれたら、話題や気分をかえることだ。

女性が自分の髪をしきりにさわる時の本心は？

デートの最中に、彼女が自分の髪をしきりにさわるようになったら、ちょっと気にしたほうがいい。

「しぐさがかわいいな」という程度に見過ごしていると、「つまらないから今日は帰る」と言われてしまうかもしれない。

女性が髪にしきりにさわるのも、満たされない心を埋めたいという**「自己親密性」**を求める行動の一つなのだ。

あなたの話に退屈《たいくつ》してしまっているか、煮え切らないあなたの態度に不満をもっているかなど、現状に物足りなさを感じているケースが多い。

髪の毛のはしをクルクルねじるとか、手櫛《てぐし》を入れるとか、もっと極端な場合は枝毛を取り始めるなどの一連のしぐさは、みな同じ意味合いをもっている。それは、「つまらないな」というサインなのである。

髪の毛をしきりにさわることで「自己親密性」を求めるのは、男性よりも女性に多く見られる。だから女性同士の会話でも、相手が髪を気にし始めたら、つまらなさを感じていると気にしたほうがいい。

喫茶店で二人の女性が同じように、長い髪をいじりながら話をしているのを見かけたことがある。相手と同じしぐさをしてしまうのは、仲のよい友達同士によく起きる**「姿勢反**

響」という**「同調作用」**だが、興味深かった。

おそらく彼女たちはお互い同士で、「つまらないね」という退屈な時間を共有していたのだろう。女性同士なら、あるいはそういう時間を共有し合えるつき合い方もあるのかもしれないと、思ったりもした。

手で頭や顔をやたらにさわるのは不安感の表れだ

仕事の書類を上司に持っていったとき、上司がやおら老眼鏡を取り出して、じっくり書類を読み出したら、あなたはどう感じるだろうか。いつもならすんなり受け取ってもらえるのに、そうでなかったとしたら、どうだろうか。

書類のどこかに不備を指摘されるのではないのかと不安になり、落ち着かなくなるのではないか。そんなとき、あなたは頭に手をやったり、顔をさわってみたり、無意味な動作を繰り返しているはずだ。

上司がときどき書類越しに、チラッとあなたを見たりすると、無意味な動作はいっそう激しく繰り返される。

これも、不安な状況を和らげたいときに起きる**「自己親密性」**の行動と考えられる。自分の体のどこかにさわっていないと、不安で仕方ないのである。

経験豊富な上司なら、書類の中身を見るのと同時に、あなたの手のしぐさも注意深く観察しているかもしれない。あるいは上司の頭の中には、「部下が頭や顔をやたらにさわるときは書類に不備がある」ということがインプットされているのかもしれない。

そんなことを考えると、ますます不安感が高まってしまう。ではどうすれば、手で頭や顔をさわらずにすむか。

方法はたった一つ。いつもきちんとした書類を提出することだ。「何だ、当たり前のことではないか」と言う前に、それしか方法はないということに着目してほしい。

不安やウソを隠そうとする動作は、意識すればするほど表に出てしまうものなのだ。

あごをつまんで考える人はそっとしておこう

プロ野球の横浜ベイスターズを、三八年ぶりに日本一に導いた権藤博《ごんどうひろし》監督は、よくベンチで人差し指と親指であごをはさんでいる。無意識のうちにやっているのだろうが、これは典型的な**「策略家のポーズ」**である。

ベイスターズが日本一になったのもうなずけるだろう。思慮深くあれこれと先を読んで

▲人さし指と親指であごをつまむのは、考え事に熱中している。

いる人が、よくとるポーズがこれなのだ。

だからもしも上司がこんなポーズで考え事をしているときに、「課長、仕事が終わったらちょっと一杯どうですか」などと、間違っても言ってはならない。一生懸命考え事をしているときに、つまらない話で中断されるときほど、腹が立つことはない。

策略家というと多少言葉は悪いが、あれこれと戦略を練るのが好きな人は、酒を飲むよりずっと楽しい時間を、そのときに過ごしているはずだ。ぼんやりしているように見えても、仕事の段取りを考えていたり、新しい企画を練っていたりするのかもしれない。

そんなひとときを「邪魔しないでほしい」という心理が、指であごをはさむしぐさになってあらわれている。

よくホテルの部屋のドアに「DON'T DISTURB」というプレートがぶらさがっていることがあるが、あごつまみは、それと同じサインなのだと思って、そっとしておいてあげることだ。

また、前出のデズモンド・モリスは、手をあごに触れる「あご支え」は、緊急時に安らぎを与えてくれるしぐさ、ささやかな慰めを求めている「**自己接触行動**」だ、とも述べている。

手を目にもっていくのは、心に動揺がある証拠

「目は口ほどにものを言う」というのは、よく知れ渡っていることわざだ。同意も拒否も、心の動揺すらも、その人の目を見ればわかる。

それがことわざになるくらい知られているから、心の動揺を隠そうとする人は、いろいろな苦労をする。目にあらわれる心の動揺を隠そうと、手でいろいろなしぐさをする。

無意識に出てしまうのは、目をこすったり、メガネをかけている人ならちょっとメガネをいじってみたりするしぐさだ。これも、自分で自分の体に触れることによって緊張を解こうとする「**自己接触行動**」の一つである。

会議の席で、厳しい質問の答えにつまって、この二つのしぐさをやったあとで、とうとう「ええと、その件についてはですねえ」と、資料の束《たば》に目を移してしまった人がいた。

ここまでは、誰でもやるしぐさだ。もう少し高等テクニックをつかう人もいる。目をこすっても、メガネをいじっても、しょせん相手の目は自分の目からは離れない。ならばとばかりに、おもむろにポケットからタバコを取り出して、それを机の上でトントンとたたき出したのだ。

昔の話で、まだ会議中の喫煙がそれほどやかましくなく、両切りタバコの端をトントンと詰《つ》めて吸うスタイルがはやっていたころのことだ。一瞬みんなの目がタバコにいき、彼は心の動揺を見透かされずにすんだ。マッチをすってゆっくり一服し、「それについてはですね」と説明を始めたとき、思わず拍手をしたくなった。

同じ手のしぐさであっても、手をもっていく場所によって、心の動揺をうまく隠せることもある。

学生時代、仲間内でちょっとしたトラブルがあって、みんなで一人の男を取り囲んで詰《きっ》問《もん》するようなことがあった。返事に窮《きゅう》したその男は突然みんなの後ろの空を指さして、「あっ、UFOだ」と叫んだ。思わずいっせいに振り向いてしまったが、その男はポツンと「そんなわけないじゃないか」とつぶやいた。

その言い方がおかしかったし、あまりにバカバカしくだまされて、みんなで笑いだし、それで終わってしまった。

心の動揺を隠せないと思ったら、最後の手段でやってみるといいかもしれない。迫真の演技力があれば、あるいはうまくいくかもしれない。


手をどう動かすかで「イエス」か「ノー」かがわかる

手の指を大きく広げて左右に振れば、誰でも「ノー」のサインだとわかる。それもかなり強い**「拒絶のサイン」**だ。

本当は首を激しく横に振って「ノー」と言いたいのだが、それでは目がまわってしまう。首を激しく横に振るかわりに、手でその動きを代用しているのが、この「ノー」のサインだから、これをやられてしまったら、もう脈はほとんどない。

しかし、ここまではっきりしなくても、何気ない手の動きで、ある程度相手の「イエス」「ノー」を見極《みきわ》められる。

まず「イエス」の**「肯定《こうてい》のサイン」**だが、話している相手の手が、自分のあごをなでている場合は、リラックスしてあなたの話を聞き、しかもそれを肯定的に受け入れようとする可能性が高い。

もちろんクセがあるから、かならずそうとは言いきれない。あくまで可能性の問題である。商談を進めているときでも、相手が「どうしようかな」などと言いながら、あごをなでていれば、もうひと押ししてみる価値はある。

ポイントは、相手がリラックスしてあなたの話を聞いているかどうかだ。

リラックスしているとき人は、手が体から少し離れていて、指がごく自然に開いている。動きもごく自然なら、話はよい方向に進んでいると考えられる。

多少のクセは誰でももっているが、しぐさはそう大きくかわるものではない。手がゆったりと自然のしぐさをしていれば、「イエス」のサインを出したがっていると考えてもいいのではないだろうか。

一方、「ノー」のサインのときは、これとは反対になる。手の動きはぎこちなくなるし、指で机をトントンとたたいたり、顔のあちこちに手がいったりする。手が不自然な動きをしているときは、イライラを我慢しているケースが多い。

頭の後ろで両手を組んだり、ライターやペンなどの小物を所在なげにいじっていたりするのは、話に飽《あ》き飽《あ》きしているサインだ。

こんなサインを見つけたら、無理押ししてもだめだなと思ったほうがいいだろう。

座る時の足のしぐさでわかる相手への信頼度

男性が足を開いて座るのは相手をどう思っている?

私たちはどこかで、男らしさや女らしさを強調しようとする「性別信号」を発している。男性が足を大きく開いて座るのは、その信号の一つで、自分を男らしく見せようとするサインである。

足を大きく開くのは無防備な行為だが、あえてそんなことができる強さと同時に、相手への信頼度もあらわしている。いくら男らしさを強調したいとはいえ、知らない人間の中で足を大きく開いて座ってみせるのは勇気がいる。

外国のアクション映画を見ていると、よく敵につかまったヒーローが、後ろ手でイスに縛《しば》られているのに、足を大きく開いているというシーンがある。これは、「おまえたちには決して負けていないぞ」と、態度で示しているのだ。

混《こ》んだ電車の中でこんなふうに座っているツッパリ君も似たような思いなのだろうが、映画のヒーローのようにはかっこうがよくない。

これは、全体的な雰囲気がサマになっていないからで、虚勢《きょせい》を張っていることがミエミエになってしまっているからだろう。

本当に自分に自信がもてなければ、なかなか足を開いてどっしりと座れないものなのである。もちろん、混んだ電車の中でこんな座り方をするのは論外だ。

それほど自分に自信がもてないごくふつうの男性が、足を開いて座っているのは、相手が危害を加えないと、信頼しているからだと考えられる。性別信号を発する相手を選んでいると考えてもいいだろう。

だから、初対面の男性と話しているうち、相手がリラックスして足を広げて座るようになったら、相手はあなたを信頼して受け入れてくれたと考えていい。

しかし、相手がお得意さんだったり、年長者だったり、地位が上の人だったりしたら、一緒になって、足を開いて座るようなことはしないほうがいい。あなたも同じように強さを強調すれば、相手は警戒してしまう。

そんなときは、さりげなく足を組んで、自分もリラックスしていると示したほうが無難だろう。

ところで、足を開いて座るのは、強さをあらわしたい男性の「性別信号」だと書いた。

しかし最近、電車の中で、女子高生が制服を着て、この座り方をしているのをときどき見かけるようになった。ドキッとして、思わず目がいってしまうが、さすがに彼女たちは開いた足の間に両手をしっかり入れて、ガードしている。

これは一種の「防御行動」なのだが、それは後で書くことにしよう。

足を組んで座るのはリラックスか緊張か？

緊張して座っているときは、男性も女性も足をきちんと閉じている。これは、「お話を承《うけたまわ》ります」というポーズであると同時に、どこかよそよそしい感じも与える。それは、足を閉じるのが本能的な**「防御姿勢」**だからだ。

しかし、この姿勢は意外に疲れるもので、そう長い時間続けられない。そこで、ある程度打ち解けたところで、足を組んで座ることになる。これも一種の「防御姿勢」だが、気持ちはリラックスしている。

相手の話を一方的に承るだけでなく、こちらも発言します、という**「相互コミュニケーション」**の合図にもなる。

初対面の相手がきちんと足を閉じて座っているようなら、いきなり本題に入らずに、とりあえず肩のこらない話をして、気分を解きほぐしてあげたほうがいい。そうしている間に相手がリラックスして足を組んだら、いよいよ本題に入る。

ただし、相手が頻繁《ひんぱん》に足を組みかえるようになったら、そろそろまとめの段階だ。足を頻繁に組みかえるのは、話に飽きて時間を気にし始めた証《あかし》でもある。話が途中なら、今日のところは話をそこそこで切りあげて、また機会を改めて話の続きをするということを考えてみたほうがいいかもしれない。

「イライラのサイン」を見落とすと、せっかくうまくいき始めたコミュニケーションの糸がプツンと切れてしまう。糸がたるまないように、引き過ぎて切れないようにうまく進めるのが上手なコミュニケーションだ。

そのためにも小さなサインは注意深く観察したい。

腕を組んでいる時、相手は何を考えているか

腕を高い位置で組んでいる時の心理とは

腕組みにはいろいろな心理的要素が含まれている。もっともポピュラーなのが、相手に

▲胸の高い位置で腕を組むしぐさは、相手に威圧感を与える。

威圧感を与えるために腕組みをしているポーズだろう。デズモンド・モリスが言う「**威嚇《いかく》信号**」「**優越信号**」である。このポーズは、圧倒的に男性が多く、しかも職業によっても色分けできそうだ。

　警察官はよく、腕組みをしている姿を見かける。たとえば当事者同士が事故処理の話をしている横で、腕を組んで立っている警察官の姿はよく見る風景だろう。体育の教師も、よく腕組みをしていた印象がある。プロ野球の監督も、よく腕組みをして立っている。

　そう考えると、思わず腕組みをしたくなる職業があるといえるのではないだろうか。いずれも何らかの形で相手に威圧《いあつ》感を与え、自分は強いのだとアピールする必要に迫られている職業のようだ。

　自分の強さをアピールする腕の組み方は、胸の高い位置で腕を組み、しかも浅く組んでいるのが特徴だ。こうすると、怒り肩になり、胸板を厚く見せることができる。どちらも力強さのシンボルである。ボディービルダーもよくこのポーズをとる。

つまり、胸の高い位置で腕組みをする人間は、ボディービルダーのような気分になって、自分の強さを誇示したいと考えていると見て差し支えないだろう。

腕を低い位置で組んでいる時の心理とは

男性でも女性でも、体全体で拒否の態度を示したいときに、腕を組むしぐさをすると考えていい。この腕組みは本能的な強い**「防御姿勢」**で、前項の威圧的な腕組みとはポーズが異なることが多い。どちらかといえば、胸の低い位置で、しっかりと腕を組む姿勢をとる。大切な心臓を無意識のうちにかばおうとしていると考えられる。

こんなふうに腕を組んで歩いている女性に、むやみに声をかけても、無視されることは間違いない。また、腕を組みながら、デパートやブティックなど店の中で商品を見ている女性は、

▲胸の低い位置で腕を組むしぐさは、防御と拒否をあらわす。

「見てるだけ」で買う意志はほとんどないと思っていいかもしれない。

話をしているのに、腕を組んだまま解かない人も、テレビのニュースなどでときどき見かける。たとえば建設工事の現場で、建設反対運動をしている住民が、作業員を工事現場に入れまいとするときに、こういう腕組みをしている人が多い。「あなた方の話など聞く必要がない」というぐらいの強い「**拒否姿勢**《そし》」である。自分の心にもバリケードをつくって、組んだ両腕で他人が入り込むのを阻止しているのだ。

会議などの場面でも、たとえばあなたが発言している最中に、腕を組んでいる人がいたとしたら、その人はあなたの意見に対して反対の立場をとる可能性がある。その人の厄介な質問に答える準備をしておいたほうがいいかもしれない。

ネクタイを直すのはこんな心の表れ

会議中に腕を組んでいる人は、ほかの出席者に対して失礼な感じを与える。さらに、露骨《ろこつ》な「**防御行動**」は、かえって自分の弱さをアピールすることになるのではないのかという懸念も生む。

とくに初対面の人々が集まる会議では、強くこのような心理が働く。知らない人の中にいるという緊張感から、本能的に「防御行動」をとりたくなるのだが、もっとも手慣れた腕組みは露骨で、その人の弱さをアピールしかねない。

また、腕組みを我慢しているのだが、どこか無防備で落ち着かないということがある。こんなとき人間は、腕組みの代用行為をおこなうことがある。

たとえば男性なら、ワイシャツのカフスをいじる、ネクタイを直すなどのしぐさだ。こうすることによって腕が胸の前で交差する。腕組みに似た「防御姿勢」がとれるので、緊張感が和らぐ感じがするのだ。

腕組みのような強い拒否の姿勢は含まれないが、相手が両腕を交差するようなしぐさをとっていたら、緊張感を解きほぐす工夫をしたほうがよさそうだ。いずれにしても、相手は、あまり居心地のいい場所にいるとは思っていないだろう。

女性がハンドバッグに手を添えているのも、この行動と考えられている。水着やショートパンツの女性が足を開いて座るとき、ももで両腕をはさんでいるのも、腕組みと同じような「防御行動」だ。

前に最近の女子高生も、ツッパリ君のようにスカートの足を大きく開いて座席に座っている姿を見かけるようになったと書いた。しかし、彼女たちも両手を足の間に入れ、しっかりと「防御姿勢」をとっている。

一見大胆そうに見えても、緊張感を和らげる「防御行動」を無意識のうちにとっているということだろう。ポーズそのものが虚勢にすぎないと、自分の手が語ってしまっているような気がする。

本人はツッパッている気になっているのかもしれない。しかし、開いた足の間に手を入れたその姿は、動物園のゴリラのように見えてしまう。誰か親しい友人が、そのことを注意してあげられないものだろうかと思ってしまう。

相手との距離で親密度がわかる

四五センチ以内なら相手との親密度は濃厚だ

好きな人のそばになら近づきたいし、ちょっと苦手な人は距離をおいて敬遠したい。

動物は相手との距離感に、とても敏感に反応する。私たちが相手との距離を意識するのは動物だった時代からのもので、相手との親密度をはかる距離感は、いまも暮らしの中にしっかりと根を下ろしている。

では、私たちは相手との距離を、どのように意識して暮らしているのだろうか。

アメリカの文化人類学者エドワード・ホールは、「**密接距離**」「**個体距離**」「**社会距離**」「**公衆距離**」の四段階に分けて、「親密度」を中心とした相手との距離を説明している。

ごくおおまかに見ると、
密接距離…〇～四五センチメートル。密度の高い接触が可能な距離で、夫婦や恋人同士に許される距離。

個体距離…四五～一二〇センチメートル。相手を視覚的にとらえられて、比較的簡単に接触できる距離で、友人同士に許される距離。

社会距離…一二〇～三六〇センチメートル。努力しなければ近づけない距離で、仕事上のつき合いか、儀礼的なつき合い程度に許される距離。

公衆距離…三六〇～七五〇センチメートル以上。相手との関与が低い距離で、講義や演説などといった形で成立する距離。

この距離感には文化の相違が反映されるので、物差しで当てはめるようにはいかない。日本人の場合、エドワードの調査に比べ、もう少し相手との距離が開くという説もある。

しかし、相手との親密度をはかる目安にはなるだろう。たとえば、もっとも「親密度」

が強い「密接距離」は四五センチメートル以内。この距離はだいたい肘《ひじ》から指先までの距離だ。ごく自然にこの距離に近づいていって、恋人が身を引かなければ、二人の関係はうまくいっていると見てもいいだろう。

だいたいの感じで言えば、腕を伸ばした距離が友人関係の距離、両腕を伸ばした距離が仕事関係の距離と考えられる。個人差もあるが、人は誰でも自分のまわりに目に見えないバリアーを張っている。

好きでもない人が無遠慮にこのバリアーを破って入ってこようとすると、身構えるか、一歩身を引く。だから、相手との距離感を意識しながらどういうしぐさをするかを見ていると、あなたがどのように受け入れられているかもわかるはずだ。

2章

——相手の深層心理は何気ない身ぶりから見抜ける

▼例えば不安や緊張は、手足のしぐさでわかる——

目の動かし方でわかるその人の精神状態

しきりにまばたきをするのは恐れの表れ

私たちがふだんしている何気ないしぐさの中には、その人の本当の心の内があらわれる。視線や体の動かし方、おじぎ、握手や抱き合ったりするときの身体接触など、言葉をともなわないコミュニケーションを、心理学では**「非言語コミュニケーション」**と言っているが、この「非言語コミュニケーション」をよく観察することによって、人の心理が読めてくるのである。

私たちは「非言語コミュニケーション」の中に、気づかないうちに、本性をさらけだしているのである。

とくに顔の表情にその人の心理があらわれる。顔の中でも目にあらわれる。何気ない相手の目の表情を読み取れれば、相手以上にその人の精神状態がわかることさえある。

しきりにまばたきをする人は、緊張して気が弱くなっている。

まばたきの回数は、その人の**「緊張の度合い」**を示している。回数が多ければ、それだけ緊張しているということになる。そして、いつも緊張を強《し》いられている人は、それだけ気が弱いということにもなる。

私たちがするまばたきの回数は、ふつうは一分間に二〇回ぐらいである。三秒に一回ぐらいの割合でまばたきしていることになる。

しかし、アメリカの心理学者トーエッツの調査では、大統領選に立候補したブッシュとデュカキスがテレビ討論をしたとき、デュカキスのまばたきは、なんと一分間に六〇回を超えたという。

これはデュカキス候補がブッシュ候補に比べ、はるかに緊張していたためと思われる。このテレビ討論を見ていた視聴者の反応でも、デュカキス候補は落ち着きがなく、大統領には向いていないのではないかと見なされ、ブッシュ候補が当選している。

日本でも文化人や政治家などを集めて、テレビ討論がよくおこなわれている。そんなとき、気をつけて出演者を観察していると、強気の発言をしている人が、上目づかいで、しかも頻繁にまばたきをしていることがある。

言葉とは裏腹に、内心は気の弱い人なのだなと思うと、強気の発言の真意が見えてきたりするからおもしろい。

心が動揺すると、目はキョロキョロと落ち着かなくなる

痴漢《ちかん》やスリは、手の動作を見るより目の動きを見ていたほうがわかりやすいと言われる。悪いことをしようとする人間は、心の動揺が目の動きとなってあらわれるからだ。視線があちこちとさまようのは、獲物《えもの》を物色したり、まわりを警戒しているためばかりではない。

むしろそわそわと落ち着かない心の状態が、目の表情になってあらわれているのだ。一人一人に焦点が定まらず、どことなく目が宙をさまよっているのが、「**心の動揺**」があらわれる目の動きだ。

子どもがウソをついているなと思うとき、子どもの目を見て「本当のことを話してごらん」と言うと、とたんに目がキョロキョロと動き出す。心の動揺、不安感がそのまま目の信号としてあらわれてしまっているのだ。

大人は、子どもほど正直に心の内を顔に出さないようにはできるが、それでもどうしたって少しはあらわれるものである。これは誰にでもいえることだ。だから、その瞬間を見逃さないかどうかが大切になる。相手の目を見ていなければ、心の中はのぞけないということである。

自分に自信が持てない人は相手の目を凝視する

相手の目を見ると言っても、あなたが相手をのぞき込むようにじっと見続けていては、誰でもたまらずに視線をはずしてしまう。これで、「心が動揺しているな」と判断するのは間違い。あなたが相手を動揺させてしまったのだ。心理学者のナップによれば、人が相手を凝視《ぎょうし》するのはつぎの四つのケースに当てはまる。

①会話のフィードバックを求めるとき
②目で連絡をとりたいとき
③相手に好意を示すとき
④相手への敵対を示すとき

このケースに当てはめて考えれば、①と②は意識的に相手に視線を送る「アイコンタクト」の意味合いが強い。「**アイコンタクト**」とは、前にもふれたが、心理学ではよくつかう言葉で視線を一致させることである。無意識に心があらわれるのは、③と④のケースだ。しかし、無意識のうちに凝視し続ければ、話し相手には「自分に対する敵対」と受けとめられかねない要素がある。

心理学者のアガイルの実験では、二人で話しているとき、話を聞いているほうが話し手を見つめることが多く、話し手が聞き手を見る時間は少ない。お互いに目が合い続けるのは一・五秒程度で、これがごくふつうの会話をしているときの、視線の状態であるという。

男女別に見ると、一般に女性のほうが相手を見つめることが多く、男性同士の場合は、お互いに相手を見つめる割合も、時間も少ないというデータがある。

このようなことから考えると、ごくふつうの心理状態で無意識にお互いを見ている時間は、意外に短いことがわかる。

しかし、話している間じゅう、聞き手の目を凝視している人がいる。「こうすれば相手を説得できる」などというマニュアル本にはよく、相手の目を見て話しなさいと書かれている。営業マンの研修でも、よくそのようなことが言われているそうだ。たしかに相手の目を見ていれば相手の反応がわかる。マニュアルどおりにそれを忠実に実行していて、無意識のうちに相手の目を凝視するクセがついてしまったものと考えられる。

もしもあなたのそばにそういう人がいるとしたら、その人はマニュアルどおりにしか行動ができない、つまり自分の言動に自信がもてない人と見てもいいかもしれない。

相手の目を見て話すことは大切だが、それは相手を凝視し続けることとは違う。さりげなく目配りをしているのがふつうだし、そのほうがかえって相手の心の中がよく見える。

むしろ相手を凝視し続けるのは、無意識のうちにその人を説得したい、あるいは支配したいという心があらわれているためだ。そして、目のサインでしかそれができないとすれば、相手がどういう人か、およその見当はつくのではないだろうか。

好きなものを見ると瞳孔が開いてしまう

暗いところから明るい場所に出ると、瞳孔《どうこう》が縮まる。私たちの目の瞳孔は、カメラのレンズの絞《しぼ》りのような働きをしているからだ。

しかし瞳孔は光に反応して開いたり、縮んだりするばかりではない。たとえば、男性が女性のヌード写真などを見ているとき、男性の瞳孔は光線とは関係なく開いている。

シカゴ大学の心理学者エックハード・H・ヘスは、**「瞳の大きさと興味の強さ」**の実験をおこなった。男性、女性の被験者に、「風景」「男性ヌード」「女性ヌード」「赤ちゃん」「赤ちゃんを抱いた母親」の五枚の写真を見せ、彼らの瞳孔の大きさの変化を調べたのだ。

この実験によると、男性は「女性ヌード」に、女性は「赤ちゃんを抱いた母親」「男性ヌード」「赤ちゃん」の順に瞳孔が拡大することがわかった。

このように、私たちの瞳孔は、何かに興味をもって、真剣に取り組んでいるとき大きく開くという特性をもっている。逆に、見たくないもの、おぞましいものを見たときは瞳孔は縮小する。ホラー映画の恐怖のシーンでは瞳孔はキュッと縮小しているはずだ。

だから、もしあなたがポーカーフェイスの上司のもとへ新しい企画書を持っていったりするとき、さりげなく上司の瞳孔をチェックしてみるといい。それがおもしろい企画なら、一見無表情の上司の瞳孔も大きく開いているはずだ。

表情は隠すことができるが、心の中の本当の感情は瞳孔にあらわれるのだ。

サングラスは気の弱さも隠そうとしている

相手の心の内側は、目の動きである程度わかる。では、サングラスをかけて目の表情を隠している人の心理は、どのように読めばいいのだろうか。

サングラスをかけている人は、目を隠したいという無意識のしぐさにより、かえって**「心の弱さ」**をあらわしてしまっているとも言える。

アメリカでおこなわれた実験で、人前で話をするときに、口ごもったり、うまくしゃべることができない人にサングラスをかけさせると、うまく話せるようになることがわかった。これは相手に自分の目を見られずにすむので、心理的優位に立てるからだと、心理学者の渋谷昌三氏が述べている。

たしかにサングラスをかけることによって、相手からの視線は完全にシャットアウトできる。そして、自分はしげしげと相手のしぐさを観察できるのだ。つまり、自分の心をガードしたうえでなければ相手とつき合えない、ひ弱さを露呈《ろてい》していると言えるだろう。

たしかにサングラスをかけた人のそばにいると、何となく不気味な感じがしてしまう。それは、その人の目の表情が読み取れないからだ。

だが、その人は自分のひ弱さを隠したいのだろうと考えれば、いかつい顔つきの男がサングラスをかけていても、「見かけほどは強くないのだろうな」と思える。本心を隠そうとする無意識のしぐさが、逆に、心の内を雄弁に物語ってしまうのである。

口元の動きでわかるその人の本心

唇をなめるのは並々ならぬ興味の表れ

テレビのアニメを見ていると、よく、唇をなめる動作が誇張してつかわれている場面を目にする。おいしそうな獲物《えもの》を見て、オオカミがペロリと舌なめずりをする。まさか本物

▲唇をなめるしぐさは、強い関心をあらわす。

のオオカミはそんなことをしないだろうから、明らかに擬人化《ぎじんか》したしぐさだ。

しかし、本当にそんなしぐさをする人がいるのだろうか。だが、まわりの人たちをよく観察していると、これが案外多いのである。もちろん、アニメに出てくるオオカミのように、おおげさな舌なめずりはしない。

でも、たとえばおなかがすいていて、おいしいごちそうを前にしたときなど、思わず舌先で唇を湿らすしぐさをする人は、けっこういる。正直な人である。

食事だけではない。格安パックの旅行に誘ったとき、その男性は思わずペロリと唇をなめて、「いいですね、行きましょう」と言った。その男性にとっては食事と同じぐらい、オイシイ話だったのであろう。

思わず唇をなめてしまうのは、目の前にあるものに対して、関心が隠せなくなってしまった証拠といえる。ごく自然にそのしぐさが出ると、**「強い関心」**をもっているなとわかる。

しかし、目の前に美しい女性がいるからといって、意識して唇をなめたりしないほうがいいことは言うまでもない。あまり品のいいものではないし、オオカミと間違えられてしまうかもしれない。

唇を噛みしめているのは、反撃される一〇秒前かも

もしもあなたが上司から、「そこまで言うか」と思うくらい、激しく叱責《しっせき》されているとしたら、あなたはどうするだろう。

おそらくあなたは、無意識のうちに唇を噛《か》みしめて、怒りをこらえているはずだ。心の中では、その上司を「殴《なぐ》ってやろうか」と思っているのに、なぜ唇を噛んで、自分が痛い思いをしているのだろうか。

上司を殴ればクビになる。たとえクビにならなくても出世はあきらめなくてはならない。つまり、殴りたいけれど殴れない状況があって、ひたすら我慢するしかないというとき、人間は、攻撃の矛先《ほこさき》を相手以外に向ける。

心理学ではこれを「**異指向活動**」というが、無意識に唇を噛むのも、その一種と考えられている。

▲唇を噛みしめるしぐさは、攻撃のはけ口を求めている。

たいしたミスでもないのに、ネチネチと上司にイヤミを言われると、最初は無意識のうちに自分の指をグッと組んでいる。さらにイヤミが続けば唇を噛んで、無言のうちに上司に、自分は怒りをこらえているのだと伝えるだろう。

それでも文句を言われ続ければ、キレてしまって、上司の机をドンドンと叩《たた》きながら、反撃に出るかもしれない。この場合、机を叩くのも「異指向活動」で、上司を殴りたいのを我慢して、机に攻撃のはけ口を求めているのだ。

もちろん、かならずしもこのような段階を経るとは限らない。「まだ唇を噛んでいる段階だな」と思っていたら、いきなり相手が机を乗り越えて、殴りかかってきたということだって、ないとは言えない。

彼女が唇を噛んでいるなと思ったら、いきなり引っ掻《か》かれるということだってある。とにかく、相手が無意識のうちに唇を噛んでいたら、それは「私はキレそうです」という無言のサインだと思っていい。

引っ掻かれるのを覚悟でそのままその話題を続けるか、打ち切るかの決断を迫られていると言える。自分を攻撃してまでも、あらわしたい**「強い拒絶や怒り」**が、唇を嚙むという動作なのである。

口の両端で相手の機嫌がわかる

フロイトは口の形で、その人の生活力や愛情がわかると言っている。大きい口の人は活動的で、小さい口の人はおとなしい性格。唇の厚い人は愛情豊かで情熱的、逆に薄い人はクールで理性的というのだが、案外的《まと》を射ているかもしれない。

口にもいろいろな表情がある。大きい口の人は笑い顔も豪快だろう。それが自分に似合っていると思えば、性格もだんだんと豪快になって、活動的になっていく。

同じようなことが、口の両端にもあらわれる。口の両端がわずかに上を向いていると、表情は静かにほほ笑んでいるように見える。逆にわずかに下を向いているだけで、ふて腐《くさ》れているような仏頂面《ぶっちょうづら》に見える。

ちょっと怖いのは、私たちは自分では気づかず、無意識のうちにこんな表情を相手に見せているのである。

▲口の両端が上を向いていると、世の中を肯定的にとらえている。

▲口の両端が下を向いていると、ふて腐れている。

恋人の話を聞いているときは、意識しなくても口の両端がちょっと上がって、微笑《ほほえ》んでいるはずだ。社長の訓示《くんじ》を聞いているとき、こんな表情をする人はほとんどいない。むしろ口の両端は下を向いているかもしれない。

　こんなさりげない表情だけで、相手の機嫌が手にとるようにわかる。上役の自慢話めいた訓示を聞いているとき、思わずこんな表情が出てしまったとする。「ぼくの話はつまらないかな？」などと言われたら、「いいえ」という意味を込めて、意識的に微笑もうとするだろう。

　ひきつったというと多少おおげさだが、あなたの微笑みはきっと、飛鳥時代の仏像のようなアルカイックスマイルになっているはずだ。

　人は悲しくて泣くだけではない。逆に泣いているうちに悲しくなってしまうのだ……という言い方がある。無意識のうちに口をへの字に曲げているうちに、性格まで皮肉屋になってしまうということもある。

相手を受け入れようとか、世の中を肯定的にとらえようと考えていると、口の両端は無意識のうちに上を向いて、微笑んでいるようになる。そんな表情を見て、「笑顔がすてきだね」と言われれば、ますます世の中が楽しく見えてくるはずだ。

顔をどちらに向けるかでわかるその人の欲望

自己主張の強い人は顔の右半分を見せたがる

あなたは自分の顔の右半分と左半分のどちらが好きだろうか。突然こんなことを聞かれて、右とか左と言えるとしたら、おそらく鏡の前でいろいろとポーズを研究したことのある人だろう。どちらが好きであるにしても、自信家と言える。

たいていの人は、「急にそんなことを言われてもわからない」と答えるのではないか。アルバムを引っ張り出して、どちら側を見せて写真に写っているのが多いか調べてみると、わかるかもしれない。ちょっとポーズをつけて写っている写真がいいだろう。

左を向いて顔の右側が多く写っているか、その反対のどちらだろう。

カメラを真正面にとらえて、堂々と写っているとしたら、それはそれでまたすばらしい。相手を正面から見るというのは、政治家に多いようだ。**「自信のあらわれ」**と言っていいだろう。

少し左を向いて、相手に自分の顔の右側を見せるのも、自信家のあらわれと言えるかもしれない。一般に顔の右半分には力強いイメージや、頼りになるイメージがあらわれる。自分の顔の右半分が好きだから、無意識のうちにそちら側を相手によく見えるようにするのだろう。自分をそのように見てほしいという、願望のあらわれともとれる。

顔の右側を意識するのはもう一つ別の理由も考えられる。私たちの体の右半分は、左脳が管轄《かんかつ》する領域だ。左脳は論理脳とも呼ばれる。言語中枢をはじめ、物事を論理的に組み立てて考える脳が左脳だ。無意識のうちに顔の右側をアピールしている人は、論理的に物事を考える人ということもできそうだ。

顔の左側を見せたがる人は相手に好印象を与えたい

さりげなく顔の左側を見せたがる人は、相手に**「好印象を与えたい」**と思っている人が多い。芸能人は写真だけでなく、テレビでも左側を見せるように気を配っている。顔の右半分より、優しい表情が左側にあらわれるからだ。

これも、右脳・左脳の働きと関係があるかもしれない。左半身をつかさどる右脳は、言語中枢に直接支配されないだけ、アナログ的に自由なイメージをつくり出すことに関与している。音楽、美術などの芸術的閃《ひらめ》きも右脳の分野と言える。

感受性も右脳がつかさどっている。そう考えると、顔の左側により多くの感受性があらわれるとしても不思議ではない。

だから女性が彼とデートをするときは、彼の右側にいて、さりげなく好印象を与える顔の左側を見せるようにするといいかもしれない。腕を組むなら左腕を組む。そのほうが、危険な車からも守ってもらえて、一石二鳥になる。

手足のしぐさでわかるその人の緊張度

緊張していると、身近なものに触りたくなる？

かつてのお見合いの席では、女性はしきりにタタミのケバをむしっていたらしい。「ご趣味は？」などと聞かれて、「ハア」と小さく答え、指でタタミのケバをつまむ。そんなしぐさが想像される。

これは「**緊張のあらわれ**」だ。逃げ出したいくらいに恥ずかしいのだが、逃げられない。心にそんな葛藤《かっとう》があるとき、私たちはしきりに身のまわりのものをさわりたくなる。動物行動学者のデズモンド・モリスはこれを「**転位活動**」と名づけている。

面接試験を待つ間に、しきりに手にはめたブレスレットの留め金をかけたりはずしたりする、飛行場の待合室で搭乗券を何度も出したりしまったりする。いずれも何とか緊張を緩和《かんわ》しようとする、無意識のしぐさと考えられる。

初対面の者同士が集まって会議をしなければならないようなとき、席に着いた人たちはみな一様に、資料を眺《なが》めているが、真剣にその内容を読んでいる人は意外に少ない。会議が始まれば説明があるわけで、パラパラとめくって資料をいじっているという感じの人が多いものだ。

これも、身のまわりのものをさわって緊張を緩和し、その場の雰囲気に慣れようとしている無意識のしぐさだろう。

やたらに手帳を見る、カバンから資料を出したり、しまったりしている、時計のバンドをいじるなどのしぐさをしている人がいたら、緊張しているのだなと思って間違いない。
ほかの人も同じように緊張していると思うと、それだけで少しは緊張も解けるはずだ。

タバコをしきりに吹かすのはどんな心理状態？

最近は喫煙マナーを守ろうという意識がきちんとしてきたので、会社の会議室がタバコの煙で充満しているようなことはなくなった。それでも喫煙者はまだまだ多いので、タバコを吸う人と話をしなくてはならないことも多いだろう。

タバコを吸う人は**「緊張緩和」**をはかる**「転位活動」**がもっとも観察しやすい人だ。緊張したりイライラすると、タバコに手を出す回数が増えてくる。これは前項に書いた、資料をパラパラとめくるのと同じような動作だ。タバコを吸いたいというより、タバコを吸う一連の動作をすることによって、緊張を緩《ゆる》めたいという一種の「転位活動」なのである。

タバコを吸うという一連の動作には、タバコを一本抜き取るところから始まって、口にくわえるまでいろいろなしぐさがある。その一つ一つによって、緊張緩和をはかろうとしていると考えられる。

その証拠に火をつけてしまうと、今度は灰皿に灰を落とすしぐさに熱中し、二口、三口吸っただけで火を消してしまうことが多い。タバコの吸い方もセカセカとせわしい感じがする。こうして、灰皿には長いまま消されたタバコがどんどんたまっていく。

実際にタバコを吸っているところを見なくても、灰皿に捨てられたタバコの吸い殻《がら》を見るだけで、シャーロック・ホームズのように、その人がいかにストレスをため、また緊張しているかがわかってしまうのである。

貧乏揺すりはこんな深層心理の表れだ

足をセカセカと動かす貧乏揺すりも、**「不満や緊張感」**をあらわしている。足を細かく揺することで、筋肉を通じて脳に信号が届き、緊張が緩和されるのだ。

うまいアイデアが思い浮かばないとき、イライラと部屋の中を歩きまわるのも無意識のうちに緊張緩和をはかろうとしている。それと同じようなしぐさで、歩きまわるかわりに貧乏揺すりをしていると考えられる。

「貧乏揺すり」という名前もいいものではないし、見た目にもかっこうが悪い。だから、ふつうは注意して揺すらないようにしているはずだ。すると、足を動かすかわりに、指でトントンと机を叩くというような別の動作が出てくるから、人を注意して観察しているとおもしろい。

それにもかかわらず、貧乏揺すりがクセになってしまっているような人は、常に不満を抱え、緊張している人だろう。

理想ばかりが高く、何をやっても思いどおりにいかない。そこで、イライラと貧乏揺すりをしてしまう。周囲に敵も多いから、いつも緊張を強《し》いられる。つまり、自己中心的な生き方をしている人と考えられる。貧乏揺すりはそれを自分で宣伝しているようなものなのである。

隠そうとしてもわかる怒りのしぐさ

腹を立てているのはこの表情ですぐにわかる

私たち日本人は、なるべく感情を表にあらわさないようにしようとする民族である。これは世界でも珍しく、そのため「何を考えているかわからない」と誤解を招いたりする。感情がもっとも激しく表にあらわれるはずの怒りですら、隠そうとするほどだ。

西欧人も日本人以外のアジア人も、顔全体、体全体で怒りをあらわす。これは相手に対

▲鼻の穴が大きく開くしぐさは、怒りを抑えようとしている。

する威嚇《いかく》であると同時に、暴力的な摩擦《まさつ》を引き起こさないディスプレイでもある。

　ところが私たち日本人には、この習慣がない。すごみを利《き》かせることを商売道具にしているヤクザでさえ、せいぜい「ガンをとばす」というように、目ですごむぐらいのものだ。これなら、韓国のふつうの女性が目を吊《つ》り上げてまくしたてるほうが、はるかに迫力がある。

　しかし、いくら怒りを表面にあらわさないといっても、能面のように静かな表情をずっとしていられるわけではない。隠された感情は、意外なところに出ているものだ。

　それが一番よくあらわれるのは、鼻だ。「**怒り**」は顔の表情をこわばらせる。それを無理して平静を装おうとすると、鼻の付け根の部分に破綻《はたん》が起き、鼻の穴が大きく開く。

　興奮すると呼吸が速くなるが、怒っているときは口をへの字にきつく結んでいる。鼻で呼吸せざるを得ず、それが鼻の穴を広げることになるとも考えられる。だから、平静を装っていても、鼻の穴が膨《ふく》らんでいたら、要注意だ。

怒りを抑えている人の特有のしぐさとは

怒りの感情を抑《おさ》えている人は、たいてい口をキュッと結び、歯をくいしばっている。歯をくいしばるのには二つの意味がある。一つは、声を出して反撃したいのを我慢していること。本来、顔全体をつかって怒りの表情を出すところを、相手に見えない一点に集中して**「怒り」**をあらわしているのだ。これも**「転位活動」**の一つといえる。

もう一つは、歯をくいしばることによって大脳に刺激を与え、精神を集中しているということで、**「反撃」**のチャンスをうかがっていると考えてもいいだろう。

▲歯をくいしばるのは、反撃したいのを我慢している。

顔は平静を装っているのに、アゴがピクピク動いている人がいる。これは歯をくいしばるまではいかなくても、歯がみをして、怒りを抑えている状態と思っていたほうがいい。

よく部下の失敗の言い訳を聞いている上司が、そんな動作をしている。「何をバカなことをウダウダと言っているんだ」という怒りが、無意識のうちにあらわれている動作だ。アゴがピクピクと動き出したら、さっさと言い訳をやめ、あやまってしまったほうがいいだろう。さもないと、やがて雷が落ちることになりかねない。

自分を隠したい時はなぜか逆の行動をとる

臆病者ほど大声でしゃべりたがるのはなぜ？

声には、その人の深層心理があらわれる。一般にスポーツ界系の人は声が大きい。元気で明るい性格がその声によくあらわれている。一方、見るからに気の弱そうな人は、声も小さい。自信のなさが声にあらわれてしまっている。

これがごくふつうの判断の仕方だろう。しかし、人間は自分の弱い性格を隠したがる傾向がある。気が弱い人は、何とか自信に満ちあふれた自分を演出したいと思っているはずだ。それが、無意識に声の大きさになってあらわれることがある。

意識して大声でしゃべる、それは自分が臆病であることの無意識のあらわれなのである。自分に自信がある人は、声を武器にする必要がないから、状況に応じて声の大きさを調整する。声は単なる道具としてつかっている。

たとえば、九年の監督生活で西武ライオンズを八回のリーグ優勝、六回の日本一に導いた森祇晶前監督は、ふだんは非常に静かな話し方をする人だ。しかし、大勢の中にいると、一転よく通る声で話をする。声を見事につかい分けている。

一方、自分に自信のもてない人は、この逆のパターンをとるか、声の調整ができず、いつでも大声でがなりたてるようにしゃべる傾向がある。

二人で話しているようなときでも、周囲に無頓着《むとんちゃく》に大声でしゃべっているような人は、声の大きさだけを武器にする臆病者と見て間違いないだろう。一見、豪快に見えるが、自信のなさを隠そうとしているにすぎないはずだ。

うなずきにはこんな心理が隠されている

私たちは、相手の話を肯定して聞いているときは、「ウンウン」とうなずく。

心理学では、うなずきのしぐさを「**シンクロニー**」、または「**同調行動**」と言う。相手の話に同意しながら、心理まで相手に合わせるしぐさである。

うなずきのタイミングやリズムが話の流れをスムーズにし、会話がはずんでいく。上手な聞き手は、上手なうなずき手でもある。

ところが、相手が何回もうなずいているのに、何か会話がしっくりといかないという経験はないだろうか。たとえば今度、昔の同級生がみんなで集まって食事をしようという提案をしているとする。相手も決して「面倒だな」とは言っていない。それどころか、何度も何度もうなずいて、「いいかもしれないね」などと言ってくれる。

じつは、あなたはその人に、幹事の一人になってほしいと思っているのだが、何度もうなずいてくれているわりには、「どうも幹事は引き受けてもらえそうもないな」と、感じている。そんなことがないだろうか。

肯定のうなずきのサインを相手が出しているのに、どうもそれが伝わらないというとき、うなずきのタイミングや回数を注意してみるといい。話の流れとは関係なくうなずいていて、しかも回数が三〜四回とかなり多いはずだ。これが、違和感を感じている原因だ。そしてこんなうなずきをするとき、相手はあなたの提案に乗ろうとはしていない。

ビジネスの国アメリカの有能なセールスマンは、相手が三回以上うなずいたら、脈はないなと思うそうだ。相手の話には明らかに乗り気ではないのだが、首を横に振るほど強く否定もしたくないというとき、肯定のサインの中に否定の気持ちを交ぜてあらわす。これが、うなずきの回数だ。

❸章

マンウォッチングこそ人の性格を知る第一歩だ

——例えば気性の激しい人は、話すしぐさでわかる——

初対面の話し方でわかる相手の性格

挨拶にはこんなに人柄が表れる

初対面の挨拶《あいさつ》ほど、その人の人柄《ひとがら》がにじみでるしぐさはない。

たとえばあなたが、初対面の年上の人から深々とおじぎされ、「どうぞよろしくお願いいたします」と言われたらどうだろう。あなたを立てようとしているのだなと感じて、悪い気はしないはずだ。

たとえ年下の人であっても、最初にきちんとおじぎをして挨拶する人は、みんなと仲良くやりたいという協調性をもった、礼儀正しい人だ。見ず知らずの人でも、おじぎの仕方一つで、相手にそんな印象を与える。

挨拶のときに視線を離さない人がいる。初対面の人にジロジロと見られると、観察されて、値踏《ねぶ》みをされているようで落ち着かない。相手をジロジロと見る人の心理は、最初から優位に立ちたいと思っている。相手を一〇秒以上見つめると、不安を与えるという。

ボクシングのタイトルマッチで、試合が始まる前、相手を睨《にら》みつけるように見ながら、レフェリーの説明を聞いている選手がいる。相手を睨み続けることにより不安感を与え、少しでも有利に試合を進めようと思っているからだ。

ここまでぶしつけではないが、相手をジロジロ見る人は、似たような心理状態を隠さない人と言えるだろう。負けず嫌いの気性の激しい人であることが多い。

こういう人と初対面の挨拶をうまくするのは難しい。一番よくないのは、あわてて目をそらしてしまうことだ。そんなしぐさをしてしまうと、そのつぎに会ったときは、ポンと肩をたたかれ、「どう、元気でやってる?」などと、まるで上司か、先輩のような口の利《き》き方をされてしまう。

初対面でジロッと見られたら、穏《おだ》やかに見つめ返すのがいいかもしれない。「私の顔に何かついていますか?」という感じで、相手を見る。

こんなことだけで、相手は、自分の心の中を見透かされたなと思うものだ。

おじぎをする時に上目使いに見る人の性格は?

「はじめまして」とおじぎをして、上目づかいにチロッと相手を見る人がいる。頭を下げるのはうまくやりたいというサインだが、そこに相手を見つめる、つまり相手より優位に立ちたいというサインも含まれている。

「下手《したて》に出ていますが、服従するわけではありませんよ」という、複雑なサインが込められていると思っていいだろう。

複雑なサインを出す人の性格もまた、複雑だ。気をつけていないと、足元をすくわれたり、二階に上げられてはしごをはずされたりするかもしれない。「そんな心積もりでおつき合いください」という心の中も、知らず知らずのうちにあらわれてしまっている。

表《おもて》に出た態度と心の中が異なっている人が、こんなおじぎをすることが多いのだ。

会ったばかりでもなれなれしい話し方をする人の性格は?

友達と話すときと、初対面の人と話すときでは言葉づかいはおのずと異なってくる。たとえ年下の人と話す場合でも、初対面なら気をつかって話をするのがふつうだ。

ところが、簡単な挨拶をすませたあと、すぐに打ち解けた友人同士のような話し方をする人がいる。

若い人は丁寧語《ていねい》をつかって話などすることもないから、それがふつうなのだろう。しかし、社会に出て、何年もたっている人にこんな話し方をされると、ちょっと戸惑《とまど》う。

「どこに住んでるの？　けっこう遠いねえ、通うの大変だろ」などと、挨拶をすませたばかりの同年代の人に言われると、返事に窮《きゅう》する。一緒になって、「もうラッシュのときは参っちゃうよ」とは言えない。「大変ですよ」と答えるしかない。「ラッシュも大変なわけだ」などと言われて、「ハア」と答えるうちに、一人で丁寧語をつかっているのがバカバカしくなってくる。

相手も悪気はないのだ。友達同士のような雰囲気をつくって、気軽に話をしたいと思っているのだろう。相手が自分をどう思っているかなどはおかまいなく、友達同士のようなフリをしたい、そんなタイプの人が多い。

初対面のときは誰でも相手を少しは警戒《けいかい》する。だから態度も話も、よそよそしくなるのは仕方がない。時間をかけて、少しずつお互いに理解し合い、打ち解けた話もできるようになる。ステップを踏んでいくのである。

そこを一足飛びに飛び越えて、急接近してくるのだから、せっかちで、相手の気持ちはあまり考えないわがままな性格と言える。本当に友達と呼べる人も少ないはずだ。だから、誰とでも友達のようなフリをしたいと思っている。一見ずうずうしく見えるが、案外寂しがり屋の人が多いものだ。

親しげに相手の体を触りながら話す人の性格は?

初対面の人にでも、平気でベタベタと体にさわる人がいる。満面に笑みをたたえて話しながら、握手をしたり、肩をたたいたりする。

スキンシップこそが唯一のコミュニケーションと、思い込んでいるような人だ。陽気で、豪快で、けたたましい。

苦労をしてその地位に昇りつめた、世話好きの地元の名士といったタイプの人に多い。演歌に涙を流し、お説教好きな人でもある。自分の力だけでトップまでのし上がってきたと思っているから、他人の話はあまり聞かない。むしろ自分の苦労話を話すのが好きなはずだ。

こう書いてくると人物像が見えてくると思う。一流企業のエリートサラリーマンと呼ばれる人たちの中には、このタイプを見ることはあまりない。中小企業の社長か役員、商店街の会長、あるいは政治家などによく見るタイプだ。

あまり周囲の目を気にせず、情にもろいところもある。自分の話をしたがる人だから、こういう人につかまったら、気がすむまで話をさせるしかない。

根はいい人だから、パーティーなどで会えば、腕をつかまれてあちこち引っ張りまわされ、いろいろな人に紹介してくれるかもしれない。疲れるが、憎めない性格の人と言えるだろう。

見知らぬ人でも平気で声をかけられる人の性格は？

水割りを片手にパーティー会場を泳ぎまわっているような人がいる。かなり目立つ存在だ。いま誰かと話していたかと思うと、つぎの瞬間には別の場所で誰かに名刺を渡している。パーティーの主催者にお追従《ついしょう》を言っていたかと思うと、仲間のところで「つまらないパーティーだね」などと悪口を言っている。その間も、つぎに声をかける人を物色しているという、まことにあわただしい人間だ。

目立ちたがり屋で、自己顕示欲が強い人と見て間違いないだろう。こういうタイプの人が営業マンだったら、営業マンは商品を売り込む前に自分を売り込めというそうだから、仕事熱心な人物と言える。営業成績も上位のほうであろう。

ただし、売った商品のアフターケアや、苦情処理には、ちょっと弱点を抱《かか》えているかもしれない。自己顕示欲の強い人間は、いつも陽の当たる場所を歩きたがる。たとえば、飛び込みで大口取引をまとめるといった離れ業をやってのけるが、そこからの苦情処理は逃げまわるということもしそうだ。

目立つことなら何でもするが、地味な作業は人任せにしてしまうタイプがけっこう多い。ブランドものを身につけているが、じつはローンの支払いに追われているという人もいるのではないのか。

握手の仕方でわかる相手の性格

しっかり手を握る人は行動的な性格

もともと私たち日本人に握手の習慣はなかった。親しい友人でも、よほどのことがなければ手を握り合わない。私たちは握手を、おじぎをするよりもっと親密度を込めた挨拶としてつかっている。

たとえば、何十年ぶりかに開かれた同窓会などの会場では、あちこちで握手をしているし、別れるときにも「また会おうな」などと言ってごく自然に握手をしている。

しかし最近は外国で暮らした経験をもつ人が増えたせいか、仕事上のパーティーでも握手をする人が増えている。以前、あるパーティー会場で、紹介された若い女性から「どうぞよろしく」と手を差し出されたときは、どぎまぎしてしまった。

その女性は帰国子女だったが、あわててズボンの尻で手をふいてから、手を出すというていたらくを演じてしまった。人間、いつどこで何があるかわからないと、思っておくべきであろう。

もっとも彼女にとっては、とくに親密度をこめた挨拶ではなかったのだ。握手をするのがごくふつうのことという習慣の中で育った、きわめて一般的な挨拶にすぎなかったはずだ。男性も女性も、そんな感じで握手を求める人がだんだんと増えてきているようだ。

と言っても、おじぎですむところを握手を求めるのは、かなり行動的な性格の人だ。相手に積極的に働きかけ、自分も積極的に受け入れる意志をもっていることを握手で示そうとしていると、考えられる。

こういう人たちは、握手のときしっかりと手を握る。会えてうれしいという気持ちを目であらわし、さらに手でその強さを伝えるという感じだ。

同窓会の会場で旧知の友に会ったような、心のこもった握手をされたら、その人には、はっきりとした好印象をもつだろう。相手はそういう効果をも期待して、あなたに手を差し出しているのである。

握手を握り返さない人はルーズな性格

差し出された手はしっかりと握り返すのが、礼儀というものだ。好意には好意で応えるのが大人のやり方。こちらが心を込めて、「あなたと会えてうれしい」というサインを送っているのに、相手が手を握り返してくれなければ、気が抜けてしまう。

儀礼的なおじぎよりさらにはっきりと、「私はあなたと親しくする気はまったくありません」というメッセージとなって、相手に伝わる。

あなたがせっかく握手を求めているのに、弱く握るか、握り返さない人は、あなたに対する無関心さを意識的にあらわしていると考えていいかもしれない。その気になれば、うわべだけでも親密さは示せるはずだ。しかし、それすらしないというのは、かなりルーズな性格と見てもいいのではないのか。

手を差し出されたから、仕方なくこちらも出す。それは、言われたことはするが、それ以外のことはしないというのと似ている。興味のないことには消極的で、相手からどう見られようと関係ないというようなタイプだ。

仕事の仲間としても、部下としてもつき合いづらいタイプと言えるだろう。こういう人とのつき合いは、どこかに長所を探し出して、そこをしっかりと見ていくということから始めたほうがよさそうだ。

人間にはかならずどこかに長所がある。隠れた長所を見つけ出していくというのが、じつは人間観察の一番おもしろいところなのである。

笑い方でわかる相手の性格

口の端をゆがめて笑う人には要注意！

楽しい笑いの中にも、その人の性格がにじみ出るものだ。人の性格と同じように、笑い方も十人十色だ。人が笑っているときというのは無防備で、隠している性格がポロリと出てしまう。

だから性格を隠したいと思う人は、無邪気《むじゃき》に笑えない。誰かが笑っていると、「つまらないことで、みっともない顔をして笑っているな」と思い、笑わない。笑いを我慢するのではなく、笑いたいという気持ちを消してしまうのだ。

こういう人でも、わずかに笑うことがある。たとえば落語を聞いていて、こういう人が笑っているとする。この人は落語で笑うのではなく、人が笑っている顔を見て、薄く笑う。「あんなに大口を開けて笑っている、バカだな」という笑いだ。人が転《ころ》んでも薄く笑うし、失敗しても笑う。「蔑笑《べっしょう》」と呼ばれるもので、多くは口の端《はし》をゆがめて笑う。

笑うことにより相手を蔑《さげす》み、自分のほうが相手より上だと意識する。ねじれた満足の笑いと言える。「蔑笑」が好きな人は、同時に蔑笑されることを極端に嫌う人でもある。人に笑われるようなことはすまいという意識が過剰になり、行動が消極的になる。

好奇心も失われていく。大きなザックをかついで山登りにいく人を見ると、「あんな重いものをわざわざかついで、疲れにいくなんてなんとバカな連中だ」と思う。そして、蔑笑が起こる。

そんなバカなことをしない自分がエライと思っている。もちろん、こんなふうに世の中を見ていれば、おもしろいはずがない。

エライ自分を受け入れようとしない世の中に対する不満や、誰かがもっと不幸にならないかというねじれた期待感しかないはずだ。

寂しい人なのだと思うしかないが、口の端でフッと笑う人を見ても、「哀《あわ》れなヤツだ」と思わないほうがいい。そんなことを思うと、あなたの口の端にも蔑笑が起きかねない。

大きな口を開けて笑う人はどんなタイプ?

喉《のど》の奥まで見えそうなくらい、大口を開けて笑う人は、見たとおり、口と同じように性格も開放的な人だ。「隠すものなんて何もないから、どうぞ見てください」とアピールしている。少なくとも、そう相手に思わせたいと考えている人だ。

笑い方は、ある程度練習すれば自分で思ったように笑うことができるようになる。大口を開けて笑うのも、意識していればできないことではない。だからもしもあなたが、豪放《ごうほう》磊落《らいらく》な人間を演出したいと思えば、大口を開けて笑う練習をすればよい。

恥ずかしいという気持ちさえかなぐり捨ててしまえば、できないことではない。

なぜそんなことを言うかといえば、案外気の弱い人の中にも、大口を開けて笑う人がいるからだ。観察していると、圧倒的に男性が多い。後で書くが、人間の本音はピンチのときにはっきりとあらわれる。ふだん大口を開けて笑っている人が、ピンチになると、気の弱さが表に出てしまい、ただうろたえるだけということがけっこうある。

だから、大口を開けて笑っているからといって、その人が開放的で、豪快な人柄と断定することはできない。たしかに見かけどおりの人もいる。だが、同じぐらいの割合で、そういう人柄に憧《あこが》れているだけの人もいるということを、覚えておいたほうがいい。

どちらにしても悪い人ではない。演出したい自分をもっているのは、そうなる可能性がないわけではない。隠し事が多い人間より、はるかにつき合いやすい人であることは、間違いない。

口を開けないで笑う人はどんなタイプ？

女性はよく、口元を隠して忍び笑いをする。大口を開けて笑うよりは、はるかにおしとやかに見える。しかし、男性の前でこんな笑い方をしている人も、女性同士の気楽な会話では、「アッハッハッハ」と笑っている。これも演出である。

だからと言って、すぐに裏表がある性格などと断言したら気の毒だ。誰だって、よりよい自分を相手に見せたいと思う。私もそうだ。初対面の人の前では、友人の前で笑うようには笑えない。

そんな自分の心の中をのぞいてみると、やはり多少の計算がある。相手に好印象を与えたいと思えば、手っ取り早いのが笑い方だ。

そんなにおもしろくなくても、相手に不愉快な思いをさせまいとすれば、相手と一緒になって笑う。しかしこんなとき、さすがに大口を開けて笑うことはできない。どこかに警戒心があるから、口を閉じたまま笑っている。

相手に合わせて、その場の雰囲気を悪くしないように気をつかっているわけだ。これも一種の計算といえるだろう。

初対面の人とか、あまり親しくない人の前では、よくこんな口を閉じた笑い方をする。しかし、親しくなっても、相手が相変わらずこんな笑い方をしていたら、その人は心の中を見せたくないと思っている人なのかもしれない。

警戒心が強すぎる、臆病な人なのだろう。そう思ってつき合ってみると、それまで見えなかった、その人の人柄も見えてくるのではないだろうか。

「ワッハッハッハ」と笑う人はリーダータイプ

豪快な笑い方は、自信のあらわれでもある。よほど自信がなければ、こんな笑い方をしても、どこかに無理が生じる。

虚勢《きょせい》を張って、こんな笑い方をしている人は、じつは目は笑っていないのだ。声だけが文字に書いたように「ワッハッハッハ」と言っているだけで、聞いていて違和感を感じるはずだ。

よほど自分に自信があるから、目も顔も体も全身で、こんな笑い方ができるのだ。多少、自信過剰気味のきらいもある。

「黙ってオレについてこい」というタイプのリーダーに、この手の豪快な笑い声をたてる人が多い。健康そのもので、細かいことは気にしない。部下の面倒見もいいはずだ。

ただ、多分に親分肌のところがあるから、自分が無視されることには我慢がならないというタイプでもある。

「いちいちそんなつまらないことで相談にくるなよ」と言いながら、じつは満足しているというタイプでもあるはずだ。

「クスクス」と笑う人は八方美人タイプ

ちょっと伏し目がちにして、「クスクス」と笑うのは、典型的な「ぶりっ子」を演出したいタイプ。男性でこんな笑い方をする人はまずいないだろう。

それほど、少女らしさをあらわす笑い方といっていい。成人した女性でこんな笑い方をするのは、かわいらしい幼さをアピールしたいからと考えられる。みんなにチヤホヤされながら、無責任でいたい、そんな願望をあらわす笑い方だ。

誰にでもよく思われたいという、八方美人タイプと思ってもいいのではないか。「つき合っている人がいるの？」と聞くと、「クスクス」と笑う。

こういう笑い方をする女性は、わりと簡単にデートに応じてくれるが、すっぽかされることも多い。

悪気はないのである。ただ、無責任なだけで、残業もすっぽかして、フッと消えてしまう。そのことを注意すると、「ハイ、わかりました」と言って、「でも今日はどうしても早く帰らなくちゃならない用事があるんです」などと平気で言ったりする。

明るいときは、ものすごくはしゃいでいるかわりに、落ち込むと目も当てられないほどになってしまうという傾向もある。

幼いと言ってしまえばそういうことなのだが、一人だけでは、「ぶりっ子」はできない。おそらくまわりが、まるでペットのように扱っているのだろう。周囲がそういう視線をかえていかなければ、こういう女性はいつまでたっても「ぶりっ子」は卒業できない。

「ハハハハ」と笑う人は小さな幸せを喜べる人

なんの気負いも衒《てら》いもなく、「ハハハハハ」と笑えるときは、物事が順調にいっていて、情緒が安定しているときだ。

年老いた両親を抱え、妻が介護疲れでノイローゼになってしまい、子どもが家を飛び出して、自分もリストラの憂き目にあっているというような状況では、とても心から「ハハハハハ」とは笑えない。

心から笑える人は、幸せな人なのである。しかし、心から笑っているうちに幸せになるということもある。意識的に笑いを取り入れるという精神療法もある。

どんな小さな喜びでもいい。声に出して明るく「ハハハハハ」と笑っているうちに、くよくよ悩んでいたことが、つまらないことに感じられてくる。笑っているから楽しくなるのだ。

屈託《くったく》なく笑っている人も、心の中にはいろいろな鬱積《うっせき》があるはずだ。そんなことを吹き飛ばしてしまおうという、前向きな性格の人と考えられる。だから明るく笑っている人を見たら、「幸せそうでいいな」で終わらせてしまわないほうがいい。

悩みのない人間などいない。にもかかわらず笑っていると思って、そんな人を見習ったほうがいい。

明るく笑える人は小さな喜びを大切にし、それに幸せを感じられる人だ。

「クックック」と笑う人は猜疑心が強い

この笑い方は前に書いた「蔑笑」の典型である。「あいつ、この前とんでもない失敗をしたんだぜ、クックック」と笑ってあなたの反応をうかがう。そのときの目は心から笑っていないはずだ。

「クックック」というのは、圧《お》し殺した笑い方である。自分の感情を圧し殺して笑っている。どんなときにこんな笑い方をするかと言えば、右に書いたように、相手の反応をうかがっているときだ。

テレビの時代劇などで、悪代官が「越後屋、おぬしも悪よのう、クックック」と笑いながら、相手の反応を見ているシーンがよくあるが、そんな状況だと思えば間違いない。口では笑いながら、目は相手が自分と同じように「蔑笑」をする人間かどうか、探っているのである。

猜疑心《さいぎしん》の強さを、そのままあらわしていると言ってもいいだろう。基本的には自分しか信用しない。相手も自分と同類かどうか探っている、そんな一種のサインが、圧し殺した笑い方と考えられる。

だから、もしあなたが「人間に失敗はつきものさ」とひと言言えば、相手はシラケてしまって、笑い顔はさっと消えるはずだ。一瞬にして消えるのが、圧し殺した笑い方の特徴だ。おそらく相手は、猜疑心の強い元の顔に戻って、あなたが何を言い出すか、疑いの目で見ているはずだ。

こういうタイプの人には、あまり本心は出さないほうがいいだろう。「風が気持ちいいね」というような、当たりさわりのない話しかできないのが、「クックック」と笑う人への接し方かもしれない。

歩き方でわかる相手の性格

堂々と歩く人の意外な人柄とは

胸を張って、真っすぐに一点を見つめるように歩いている人には、意外に孤独な人が多い。そんな歩き方からあなたは何を連想するだろうか。私は軍隊の行進風景を連想してしまう。視線をあまり動かさず、さっさっと歩いている人は、一人で行進しているように見えるのだ。

なぜそんな風景を連想するかというと、まわりの情報をシャットアウトして、自分が進む方向しか注視していないように見えるからだろう。

街には好奇心をかきたてる刺激があふれている。「女子校生のファッションがまたかわってきたな」とか、「なるほど、携帯電話はそんなふうにつかわれているのか」とか、どんなゲームソフトに若者の人気が集まっているのかとか、街路樹の葉のつき方とか、それほど目をキョロキョロと動かさなくても、刺激はどんどんと入ってくる。

そういう、いわばまわりのナマの情報をシャットアウトして、我が道を行くという感じで歩いているのは、社会の動きと自分はいっさい関係がないという生き方をあらわしているようだ。

もう一つ、行進とは人に見てもらうためにおこなうものだろう。行進している人は胸を張って前しか向いていないが、堂々と歩く自分を見てほしいという思いがあるはずだ。だから、自己顕示欲《じこけんじ》の強い人とも言えるのではないか。

こういう人と街を歩くとちょっと辛《つら》い。話しかけても「ああ」とか、「うん」としか答えない。まるで社長と秘書、VIPとSPというような関係になってしまう。

「人情の機微《きび》」という言葉を本当に知っているのだろうか、と思うタイプが、よくこんな歩き方をしている。

協調性がない人は歩き方でわかる

官庁街を歩いていると、風呂敷《ふろしき》包みや書類カバンを小わきに抱え、セカセカと歩いている人をよく見かける。数人が一緒になって、そんな歩き方をしていることもある。ほとんど会話らしい会話もない。協調性のある人づき合いをしているとは思えない。セカセカ歩きはそんなタイプの人の象徴だ。

逆にちょっとうつむき加減で、かかとを引きずるように歩いている人もいる。こちらは、予備校などが近くにある繁華街を歩いている若者によく見かける歩き方だ。人生なんて何のおもしろいこともない、という不満が表にあらわれた歩き方で、そのまま道の小石などを蹴飛ばすような歩き方だ。

背中を丸めて、ポケットに手を突っ込んでいることも多い。

自分一人で世の中の不幸を背負い込んでいるような感じで、これもあまり協調性がある人づき合いをしているとは感じられない。

セカセカ歩きも、かかとを引きずるような歩き方も、意識してやっているわけではなさそうだ。まわりの誰もが、それと気づいているのに、本人だけが案外気がついていないことが多い。考えてみれば、ちょっと怖いことではある。

好奇心にあふれている人は歩く速度が調節できる

古書店街の喫茶店で、ある人と待ち合わせをしたときのことだ。私が時間どおりにその店に入ると、すでにその人は、近くで買った本を読みながら待っていた。「おぬし、できるな」という感じである。

シャーロック・ホームズ流に推理すれば、この人は、おそらく一時間半ぐらい前にその場所に着き、古書店をあちこちとひやかして、偶然、かつて読みたかった本を見つけて買ったのだろう。

氷の溶けたアイスティーが半分ほど減っているのは、喉《のど》がかわくほど歩いた証拠で、一気に半分飲んで、あとは私が到着するまで口をつけずにいた。その時間がおよそ三〇分と推理できる……というのはウソで、これはみんなその人から聞いたことだ。

忙しい人だから、きっと時間をやり繰《く》りしてそんなに早く着いたのだろう。これは本当の推理。計画的な人でもある。そうやって時間を捻《ひね》り出すと、のんびりと街をジグザグに歩く。道路の反対側に骨董品《こっとうひん》屋があれば、「ちょっと寄ってみようか」という感じでひやかしにいく。

いろいろなウンチクが聞けるし、思わぬ発見もある。この人の歩き方を見ていると、車のギアを入れかえるように、状況に応じて速度を調節している。さっさと歩くときもあるし、ゆったりと歩くときもある。

状況に応じて自在に歩く速度を調節できる人なのだ。好奇心と行動力が旺盛《おうせい》な人はそんな歩き方をしている。

電話のかけ方でわかる相手の性格

受話器の持ち方に仕事の意欲が表れる

電話で話しているときに、電話の向こうで激しく咳《せき》をされると、カゼがうつるのではないかと、思わず警戒してしまうことはないだろうか。受話器を耳につけているから、何となく相手と接近して話しているような錯覚を感じるからだろう。

受話器の上のほうをつまむようにして持ち、話をしている人がいる。女性に多いようだ。これは明らかに、話の内容より、相手との距離を意識した持ち方である。「あまりそばで話したくないな」という気持ちが無意識にあらわれている。

ビジネスの内容より、人間関係で仕事をしているタイプと言っていいだろう。

▲受話器の上のほうを持つのは、相手との距離を意識している。

▲受話器の下のほうを持つのは、強引に仕事をすすめるタイプ。

逆に、受話器の下のほうを持って話している人もいる。相手の話を聞くよりも、話すほうに重点をおいた持ち方だ。受話器をマイクのようにつかっていると言えばいいだろうか。多少強引に仕事を進めるやり手のタイプに、このような持ち方をしている人がいる。

受話器を両手で持ってかけている人。これは、ビジネス以外の私用の電話をかけていますとまわりに伝えているようなものだ。

片方の手で受話器を持ち、もう片方の手は送話口を押さえるように持つ人もいる。ヒソヒソ話の証拠で、ビジネスではあまりない。デートの約束か、誰かの悪口か、いずれにしても仕事中に平気で私用の電話をかけているようでは、あまり意欲のある仕事ぶりとは言えない。

電話のコードをいじりながら話す人の人柄は？

たとえば、あなたが外出先から誰もいない事務所に戻ってきたら、女性社員が電話のコードをいじりながら話をしている真っ最中で、「その件につきましては、後ほどまた電話をおかけします」などと言って、あわてて電話を切るなどというシーンにでくわしたことがあるかもしれない。

▲電話のコードをいじりながら話すのは、やる気がない。

これは、私用で長電話をしていましたという証拠。ビジネスの話や、三分以内の電話では、コードをいじるなどということはまずない。

仕事をするより、友人と退屈しのぎの話をしていたいというタイプだろう。電話のコードをいじりながら話をするのは、話の内容にもそれほど関心がないということのあらわれである。つまり、退屈しのぎなのだ。

責任のある仕事をさせてもらえないのか、腰掛け程度の仕事と思っているのか、やる気のなさは露骨にあらわれてしまっている。

受話器を肩にはさんで電話をする人の心理状態

電話が鳴ると、右手で受話器をとって、すぐ左の肩にはさんで「はい、○○です」という人がいた。ふつう受話器をとったら、まず会社の名前や部課名を言うのが常識だが、その人は自分の名前を言う。よほど自分を売り込みたい人間と見受けられる。

受話器を肩にはさむのは、両手をあけて仕事をするぞというポーズ。電話をかけながら、同時にほかの仕事もこなしているぞと、周囲に見せたいという意識が強く出ている。

▲受話器を肩にはさんで話す人は、自分を売りこみたい。

いまの受話器は、肩にはさむにはコンパクトすぎる。そこを無理して首をかしげているのだから、実用的というより、そういうポーズをとりたいという意識のほうが強いはずだ。メモをとるなら左手で受話器を持てるし、コンピュータを操作していても一時中断するぐらいの時間はある。

じつは、そういうメリハリの利いた時間のつかい方ができないか、あれもこれもしながら、中途半端という、「ながら族」であることが多い。仕事の中身より、仕事をバリバリとこなしている自分に酔《よ》っているタイプと言えるかもしれない。

ピンチの時にこそ本当の性格が表れる

やたらに卑下する人はどんな人か

人の本当の性格というものは、ふつうに暮らしているときは、なかなか表に出てこないものだ。余裕があるときは、性格を隠せるからだ。

いつもはゆったりと構《かま》えていた人が、グラグラッと地震がきたとき、ズボンを上げながらあわててトイレから飛び出してきたという話を聞いたことがある。人の本当の性格は失敗したときや、ピンチのときでないと、なかなかよくわからないものなのだ。

ちょっとした失敗でも、やたらに自分を卑下《ひげ》してしまう人がいる。「私は本当にどうしようもない人間です。自分がいやになります。人間失格です」などと、自分を責める。

こんなとき、「まったくその通りですね。あなたは人間失格です」などと言う人は、ほとんどいないだろう。ふつうは、「失敗なんて誰にでもありますよ、あまり気にしないでください」と、励ましてしまう。

その人のミスにより迷惑をこうむった人が、逆に励ます側にまわるという、立場の逆転現象がよく起きる。これは心理学でいう**「迎合行動《げいごう》」**で、相手にうまく迎合して、ミスを隠してしまいたいという心理のあらわれと考えられる。「どうも仕事が遅くてすみません」とか、「私ってノロマなんですよね」などというのも「迎合行動」である。

迎合して相手にゲタを預けてしまう、依頼心の強いタイプの人が、よく自分を悪し様《あざま》に言う。本心ではないところが問題だ。本当に反省していれば、間違いは繰り返さないはずなのだが、同じようなミスをして、同じような迎合行動をとる。

「またやっちゃった」と言って、額を軽くたたいたりするのも、自分に対する懲罰《ちょうばつ》行為というより、迎合行動と見たほうがいいだろう。もう自分で罰は与えましたという、動作を無意識に見せているわけである。

こういう人は、依頼心が強い人なのだと思って、つき合ったほうがよさそうだ。

やたらに相手を非難する人はここが欠点だ

自分の失敗を、なかなか認めたがらない人もいる。「だからあのとき、ちゃんと言ったじゃないか」と、かなり前のことまで持ち出して、責任転嫁《てんか》をしようとする。じつはこれは、ちょっとひきょうな手で、「そんなこと聞いてなかったよ」と言えば、「ちゃんと言ったのに、なんで聞いてくれなかったんだ」ということになる。水掛《みずか》け論だ。

他の人と一緒にやった仕事の結果がおもわしくなかったとき、相手を非難して責任を押し付けてしまおうというのは、じつは自分に対する自信のなさのあらわれなのである。

案外、先頭に立ってみんなをまとめていくことができない人であることが多いのだ。そんなことができないと知っているから、批判的同調者の側にまわる。自分に自信がなければ、こんなに楽なポジションはない。

「そんなことをやって大丈夫なの？」とか、「あとでどうなっても知らないよ」と、責任回避の布石《ふせき》だけを打っておく、まことにやり辛《づら》いパートナーにしかならない。「では、あなたがやりますか」というと、「無責任に仕事を放り出すのか」と、非難合戦を始めようとする。

リーダーシップが取れない、自分に自信がない人であると割り切って、仕事を進めるしかないだろう。手続きだけを気にしたり、まわりの評価だけが気になる人も、自信のなさがあらわれている。

❹章——こんな動作を思わずしてしまう心の不思議

▼例えば失敗した時、つい舌打ちをする心理とは——

考え込む時、つい上を向く心理とは

「う〜ん、どうしようかなあ？」と考えるとき、私たちは無意識のうちに、つい上を向くものだ。横を向いても、下を向いてもいいはずなのに、なぜ上を向くのか。それよりもなぜ、顔や目を動かすのだろうか。考えてみると不思議なしぐさだ。

誰かと話していて、考え事をするときに顔を動かすのは、相手との**「コミュニケーションチャンネル」**を一度切りたいからと考えられる。考え事で集中したいときに、相手の視線を意識しなくてはならないと、ちょっとわずらわしい。

そこで顔や目を動かして、一度相手とのコミュニケーションを遮断《しゃだん》し、考えることに没頭しようとするのだ。

では、なぜ顔や目を向けるのが、横や下ではなく、上なのか。

これは、私たちが無意識のうちに消去法をつかっているためだ。相手とのコミュニケーションを、いったん切りたいからといって、プイと横を向けば、相手を拒絶したととらえられかねない。

下を向くのは、いかにも困惑《こんわく》しているようでかっこうが悪い。下を向くのは相手に対す

▲考え込む時、上を向くのは、考え事に集中している証拠。

る服従のサインにもなる。

横でもだめ、下もまずいということで、上を向くことになる。これなら、相手とのコミュニケーションをいったん中断するといっても、こちらの態度はあいまいだ。

相手に対し、失礼な印象を与えず、態度をあいまいなままにしておいて、考え事に集中するのは、上を向くのが一番いいと無意識に判断しているためだ。また、上を向くと首のツボが刺激されて、脳への血の巡《めぐ》りがよくなるという説もある。

そういえば、仕事をしていて疲れたときも、無意識のうちに上を向く。上を向くしぐさには、脳をリラックスさせる効果もあるのかもしれない。

もの思いにふける時、つい腕を組む心理とは?

1章で、腕組みをするのは「**防御行動**」のあらわれであると述べた。私たちは緊張する

場面では、腕組みをして防御行動をとり、無意識のうちに身構える。同時に、これにより緊張が緩和《かんわ》するという効果もある。

では、なぜ一人でもの思いにふけっているときも、つい腕を組んでしまうのだろう。

これは、真剣に何かを考えているときは、ほかのことに注意がまわらない**「無防備な状態」**と、脳が判断しているからだ。

もう一つ、真剣に考え事をしているのは、脳が緊張しているときでもある。解決のつかない問題に何とか糸口を探し出したいと、脳は緊張している。そんな緊張を腕組みによって緩和したいという思いもある。

フランスの思想家で教学者のパスカルは、「人間は考える葦《あし》である」と言った。私たちは記憶の奥のほうで、私たちの体は、水辺の葦のようにか弱いものだという意識を残している。その弱さを、考えることによって補い、脳の働きを複雑に進化させてきた。

もの思いにふけるとき、思わず腕を組んでしまうのは、無意識のうちに体を守ろうとしているからなのだ。同じ意味で、頭を抱えて考え込む動作も説明できる。

もの思いにふけるどころではなく、もっと深刻な悩みを抱えると、私たちは、思わず頭を抱え込んでしまう。これは深刻な悩みのある困難な状況を、外敵に襲われた状況と同じと脳が判断しているためだ。最優先で頭を守り、困難に対処しようとしている「**防御行動**」と考えられる。

記念写真の時、ついおどけたポーズを取るのは？

テレビカメラや写真撮影に慣れているタレントやモデルなどは別として、「写真を撮《と》りましょう」と言われるだけで緊張してしまう人は多い。

一瞬の表情が切り取られて、永遠に残るということを、どこかで意識してしまうからだろう。残るものなら、ふだんの顔では写りたくない。それは裸の自分が写されるような感じがするからだ。

もっとも最近は、つかい捨てカメラが普及して、簡単にスナップ写真を撮ることができるので、以前のようにカメラを意識することは少なくなった。

プリクラのように、街角で「記念写真」を撮り合い、それを交換するのもブームになっている。では、スナップ写真のように記念写真を写されるのに慣れたかというと、そうでもないように思う。

プリクラの大ヒットの秘密は、写真サイズが小さいということだろう。小さいものは、それだけでかわいらしく見える。プリクラがふつうの写真サイズだったら、社会現象になるほどヒットはしなかったであろう。

以前ほどではないとはいえ、記念写真を撮られると思うと、私たちはやはり緊張する。昔の人たちは、写真を撮られるときは、よそ行きの服装をして、よそ行きの顔つきをした。結婚式で撮る新郎新婦の写真は、いまでもそんな顔をしている。

これは、思い切り緊張することで、ふだんの顔を隠していると言えるだろう。しかし、このように緊張していては、ふつうの記念写真はつまらない。そこで逆におどけた顔をしたり、ちょっとした演技をして、ふだんの顔を隠そうとするのだ。おどけた演技をすることにより、一種の**「仮面」**を自分にかぶせていると考えられる。

ふだんのありのままの表情が写るより、意識したピエロの顔が写ったほうがいいと思っているからだ。ふだんのさりげない表情を演出できるのは、よほどカメラ慣れしている人か、表情に自信をもっている人ではないだろうか。

嫌なことがある時、つい舌打ちをする心理とは

舌打ちは、不快を音にして示す露骨なしぐさだ。私たちは、自分自身に舌打ちをするこ

ともあるし、相手に対してすることもある。どちらも「侮蔑《ぶべつ》」をあらわすサインである。

心の中のわだかまりが、音とともに表に吐《は》き出されてしまったのが舌打ちで、聞こえるようにわざと大きな音を出すのは、相手に対する「威嚇《いかく》のサイン」という意味も兼ねている。

言葉で侮蔑する価値もないくらいダメなヤツ、ということで、相手を人間扱いしていない失礼なしぐさと言えるだろう。

だから、何かというと、自分に対して舌打ちをする人は、自罰《じばつ》傾向が強い人で、多少マゾヒスティックな性格の持ち主かもしれない。

逆に、他人に対して聞こえるように舌打ちをしても平気な人は、人を苛《さいな》むサディスティックな傾向がありそうだ。

とは言え、私たちの心の中には、多少はマゾヒズムもサディズムも存在している。思わず舌打ちをしてしまうのは、そういう隠れた心理のあらわれと見ていいだろう。

もちろん、そんな心理に酔うためではない。

「いかん、いかん、舌打ちをしてしまった、ちょっとマゾが出ているな」という感じで、心のバランスを正常に保つためだ。思わず出てしまった舌打ちは、心のバランスの乱れを示す注意信号にもなるはずだ。

ホッとした時、ため息をつく心理とは

気持ちが切ないときや、がっかりしたときに、私たちはよく、思わずため息をついてしまう。がっくり肩を落としてため息をつくのは、「万事休すのサイン」でもある。

でも、そう思ってあきらめた矢先に、起死回生《きしかいせい》の出来事が起こり、事態が好転することもある。そんなときも私たちは「安堵《あんど》」のため息をつく。ため息はホッとしたときのサインでもある。

たとえば、応援している野球チームが八回裏で均衡《きんこう》が破れ、相手チームが五点も取ってしまったとする。あなたはこの時点で大きなため息をつくはずだ。ところが九回の表に味方になんと六点も入って逆転、その裏にツーアウト、ランナー一、二塁などという場面を迎えると、手に汗を握って見ているはずだ。

ピッチャーが最後のバッターを三振で仕留めれば、今度は思わずホッとため息をつくだろう。

こんなときの心理状態を思い浮かべてみると、苦しい場面でも、うれしい場面でも、なぜ同じようなため息が出るのかよくわかる。

どちらもその直前は、過度の緊張状態にあったはずだ。その状態がマイナスにもプラスにも破れると、ため息が出てしまうのだ。緊張状態は脳が活発に活動し、酸素を大量に消費しているのだが、呼吸は細く短くなっているので、消費に見合う酸素が届いていない。つまり酸欠状態になっている。

そこで、善かれ悪しかれ緊張状態が解かれると、無意識のうちに大きく呼吸をして、脳に酸素を送り込もうとしているのである。その意味では、興奮を静めるときに大きく深呼吸をするのも、ため息をつくのもかわりはない。

区切りをつけることを、「ひと呼吸おく」という。ホッとため息をつくのは、ひと区切りついたことを脳が確認し、新しい事態に備える切りかえのときなのである。

バツが悪い時、つい頭をかく心理とは

なぜ人はバツが悪いときに頭をポリポリとかくのだろうか。

恥ずかしい思いをすると、頭にかっと血がのぼる。血がのぼると汗をかいて、頭が痒《かゆ》くなるからという珍説もある。

しかし頭をかくというしぐさは、生理学だけでは説明がつかないだろう。むしろ、恥ず

かしさをあらわすジェスチャーとして、人々の間に広がっていったと考えるほうが無理がない。

前にも書いたが、自分の体にさわったり髪にさわったりするのは、不安や緊張を和らげようとする**「自己親密行動」**と考えられている。

バツが悪い思いをすると、みんなの注目を浴び、不安や緊張感が高まってくる。汗っかきの人はジワッと頭に汗をかくかもしれない。そんなことから、思わず髪にさわったり、頭をかいたりする行為が、人々の間に広がり、恥ずかしいときは頭をかくというジェスチャーとして定着していったのではないかと考えられる。

わざと「ポリポリ」などと声に出して頭をかく人がいる。これは完全にジェスチャーである。「私はいま恥ずかしい思いをしています」と相手に知らせようとしているのだ。しかも、ちょっとおどけて見せることで、照れ隠しにもなっている。

声に出して「恥ずかしいなあ」というよりは恥ずかしくなく、気持ちをあらわせるのがジェスチャーだ。

言葉にしなくても、相手は十分にそのサインを読み取ってくれる。それを期待してのサインが頭をポリポリとかくことなのである。

咳払いをする時、口の前でゲンコツをつくる心理とは

自分の話を聞いてもらいたいとき、無意識のうちについ咳払《せきばら》いをするが、ほとんどと言っていいくらい、口の前にゲンコツをつくっている。これは万国共通のしぐさで、どこの国でも通用する。

これももともとは、「私はこれから咳をします」というジェスチャーなのである。このジェスチャーをすることによって、まわりの人に注意をうながす。口の前でゲンコツをつくれば、そばにいる人は、「あっ咳が出るな」と注意して、わずかに身構える。

つまり、まわりの人に対し**「注意を喚起《かんき》する動作」**として、口の前でゲンコツをつくるジェスチャーをしているのである。

▲咳払いをする時、口の前でゲンコツを作るのは万国共通。

口を覆《おお》えばいいのだから、なにもゲンコツでなくてもいいはずだ。ジャンケンのパーの形で口を覆えば、さらに効果的に病原菌を撒《ま》き散ら

さずにすむ。しかし、西洋ではこれは別のサインになってしまう。

そのサインが何かはつぎの章で書くが、とにかく口の前でゲンコツをつくることが、咳をすることのジェスチャーとして定着した。そのしぐさがさらに、自分を注目させるためのジェスチャーへと転化していったと考えられる。

口の前でゲンコツをつくることによって、まわりの人の注意を引きつけることが目的で、咳は付け足しというわけだ。

口の前でゲンコツをつくりながら、「ウォッホン」と咳をすることによって、ちょっと緊張したまわりの注目を集められる。これを見ている人が、「あれはうまい手だな」と感心し、同じようなしぐさをおこなう。

こうして、パーでもチョキでもなく、グーが注目を集めるサインとして広まったのであろう。

腹が立つと体がブルブル震える心理とは

腹が立つと体がブルブルと震《ふる》えるのは、自制心が働いている証《あかし》だ。頭の中では相手に殴《なぐ》りかかりたいという動物的な本能と、我慢しなくてはならないという理性がせめぎあっている。

アクセルを踏みながら、同時にブレーキも踏んでいるような状態で、「ゴー」と「ストップ」の間で心が揺らいでいる。そして、行き場のない感情がブルブルと体を震わせているのだ。

こんな状態になってしまうと、なかなか元の平常心には戻れない。

もしも夫婦ゲンカで、奥さんをこんな状態にまで追いつめてしまったとしたら大変だ。「ゴメン」とあやまったぐらいでは、怒りはおさまらないだろう。

そんなときは多少の被害を覚悟する。被害といっても、引っ掻《か》かれてはたまらないから、壊《こわ》してもいいようなフチの欠けたお皿か茶碗を用意する。それを危なくないところで割って、怒りを静めてもらうしかないかもしれない。

心理学でいう**「異指向攻撃」**である。ごくふつうの言い方では、八つ当たりだ。壊してもそれほど惜《お》しくないものに八つ当たりしてもらい、怒りを解消するのである。

いくら理性が発達した人間だからといって、ここまで怒らせてしまっては、「話せばわかる」と言っても通じない。むしろ、被害の大きくならない範囲で怒りを爆発させてしまったほうが、話がしやすくなるということもある。

話し相手が体をブルブルと震わせ始めたら、抑えるよりも、むしろ小さく爆発させてしまうようにもっていったほうがいいとも言える。

舌を出すクセのある人の心理とは

人は、何かに熱中して取り組んでいるとき、無意識のうちに舌を出していることがよくある。舌を出すと言っても、「アカンベー」をするときのように、思い切り出すのではない。舌の先が唇《くちびる》からちょっとのぞいているというような感じの出し方だ。

▲舌の先が唇からのぞいているのは、拒絶のサイン。

たとえば真剣に絵を描いているとき、プラモデルの細かいパーツを組み立てているとき、針に糸を通そうと思っているとき、唇からちょっと舌がのぞいていたりする。

動物行動学者のデズモンド・モリスによれば、このようなときの心理状態も、「アカンベー」をして思い切り舌を出しているときの心理状態も、共通するものがあるという。それは、ともに他者に対する**「拒絶のサイン」**であるというのである。

モリスは、舌を出すのはおなかがいっぱいになって、母親の乳首を押し出した名残であるとする。もういらないという拒絶のサインが、「おまえはオレにとっては不必要な人間だ」という、侮蔑《ぶべつ》のサインとなってあらわれる。

たしかに、舌を思い切り出すサインはそうだろう。だが熱中しているときにあらわれる、唇からちょっと舌が出ているサインは、どう解釈すればいいのか。

モリスは、いま自分は熱中しているのだから、邪魔しないでほしいという無意識のしぐさなのだという。たしかにこれも拒絶の一種である。

無意識のうちに、舌の先をちょっと出して何かに取り組んでいる人がいたとしたら、人から邪魔されたくないほどそのことに熱中しているあらわれと思い、そっとしておいてあげよう。

イスにそっくり返り後頭部に両手を当てる心理とは

言葉ではなく、しぐさによる人間のコミュニケーションを研究しているアメリカの学者マーラビアンによれば、イスにそっくり返って座っているのは、地位が高い人の**「リラッ**

クス」のポーズだそうだ。

たしかに、近くに部長や課長が座って仕事をしていれば、ヒラの社員はこんなポーズはとれないだろう。逆にあなたの会社の社長は、ときどき社長室で一人、こんなポーズをとっているかもしれない。

▲イスにそっくり返るのは、リラックスのポーズ。

革張りの大きなイスにそっくり返って座り、足を伸ばして手を頭の後ろで組む。おそらく、社長はつかの間の至福《しふく》の時間を過ごしているのかもしれない。

そんなリラックスしたポーズがとれるのは、経営も順調にいっているときだ。

たとえば、ライバルを倒して社長に就任したとき、秘書に「すまんが五分ほど一人にしてくれないか」と頼んで、こんなポーズをとりたくなるのではないだろうか。

社長のイスの座り心地を試すには、最適のポーズだろう。ただし、そんな密《ひそ》かな楽しみは、せめて重役室をもらえるまでがまんしておいたほうがよさそうだ。

ヒラ社員のイスで、こんなポーズをとっていると、もうそれ以上の出世は望まないと言っているようなものだ。課長でも、そんなポーズをしていれば、部長から「暇そうだね」とイヤミを言われかねない。

ろれつがまわらなくなると頬をひっぱたく心理とは

酔ってろれつがまわらなくなると、自分の頬をたたいて言い直そうとしている人がいる。これは、自分自身に気合を入れているのであろう。相撲取りが取組の前、ピシャピシャと顔を叩いて、気合を入れているのと似たようなしぐさだ。

もっとも、こんなしぐさをすること自体、かなり酔いがまわってきている証拠である。いくら頬をたたいても、酔いが醒《さ》めるわけではない。酔った頭で考えるのは、「おかしいな、ろれつがまわらないぞ。何をやっているんだ、まだ酔っていないぞ」で、ピシャピシャと自分の頬を叩いているのだろう。

ろれつがまわらなくなるのは、アルコールが言語中枢をマヒさせ始めているからで、酔いはすでに「酩酊期《めいていき》」に入っている。泣き上戸が泣き出したり、怒り上戸がからみ始めたりする、人間の本能が剝《む》き出しになる時期だ。

ほろ酔い加減が過ぎて、酩酊期に入ろうとするころは、理性や知性をつかさどる大脳新皮質と呼ばれる脳の表面が、アルコールでマヒ状態になりかけている。頬を叩いて、気持ちをピリッとさせようというのは、マヒしかけた理性が、懸命に自分を立て直そうとしているあらわれでもあるのだ。

喫茶店でカップやおしぼりを弄《もてあそ》ぶ心理とは

人は緊張すると、無意識のうちに手を動かしたくなるものだ。喫茶店で話をしていて、相手がおしぼりをもてあそび始めたら、何か緊張することがあって、そのストレスを緩和しようとしていると考えたほうがいいかもしれない。

ストレスを緩和するために、身のまわりにあるものを、無意識にいじるしぐさを**「マニュピレーション」**という。身近に何もなければ、髪をいじったり、かきあげたりするのも同じ行為と考えられる。

緊張といっても、ほんのささいなことから、大きな緊張までいろいろある。初対面の人同士で、「もうそろそろ話を打ち切りたいな」と思って、切り出すタイミングをはかっているときも、緊張するものだ。こんなときは、目の前に置いてある名刺を、無意識のうちにもてあそんでしまうかもしれない。

触れられたくない話題に相手が気づかずに触れていたり、禁煙をしている人の前でタバコをプカプカと吹かしても、相手は緊張してしまう。

おしぼりをもてあそぶのは、リラックスしたいというサインなのである。

ガムを踏んだ時、靴の裏を背中越しに見る心理とは

誰かが道に吐き捨てたガムを踏んでしまうのは、本当にイヤなものだ。「しまった！」という思いを多くの人がするだろう。そこからの対応で、ある程度その人の心理が読み取れる。

靴の裏を背中越しに見る人は、失敗そのものより、周囲の視線を気にしている。タイプで言えば、あわてて走っていった目の前で電車のドアが閉まってしまい、「別に急いで乗りたかったわけではないんだ」という顔をして、その場を立ち去る人だ。

逆に、あわてて足を内側に曲げて靴の裏を見るのは、まわりの目よりガムを踏んだことが気になる人。目の前で電車のドアが閉まってしまい、ドアを叩いたり、悪態をついたりするタイプの人が多い。

どちらにも一長一短がある。靴の裏を背中越しに見る人は、失敗も繰り返すが、協調性

がある人が多い。足を内側に曲げて見る人は、敗因をきちんと分析し繰り返さないようにするが、まわりとの協調性はあまりないかもしれない。

ガムを踏んでしまい、足を内側に曲げ、足首を両手でつかんで片足ケンケンしている若い女性がいた。「ヤダ、もう」などといいながらピョンピョンと跳びはねている様子は、ちょっとこっけいだったけれど、一生懸命頑張っているのだろうなという感じも見受けられて、頼もしい感じさえ受けた。

長い傘の持ち歩き方でその人の心理がわかる

あなたはビニール傘のようなふつうの傘を持つとき、どんな持ち方をしているだろうか。ツッパリ風の若者は、ズボンの尻ポケットに傘の柄《え》をひっかけていた。「傘なんてダサイものは持ちたくもない」という心理だろうか。

たいていの人は、地面にあたらないように傘を持って歩いている。ズルズルと引きずるのは、小学生のようでみっともないということだろう。

雨の降っているとき、濡《ぬ》れた傘をスーパーの店頭にあるビニールの袋に入れて、電車に乗っている人がいる。中年のご婦人に多い。三つぐらい持っていて、一緒にいた人たちに配っているご婦人を見かけたこともある。なかなかの世話好きと見た。リーダーシップをとりたがる、少し口やかましい人かもしれない。

カバンの取っ手の間に傘を横にはさんで歩いている人や、横にしてわしづかみに持っている人もいる。これは圧倒的に男性が多い。傘の持ち方なんて考えたこともない人たちに違いない。

仕事のこと以外には何の興味も関心もないという、仕事人間だろう。傘を刀のような気分で持って、江戸時代の武士を気取っているのかもしれない。そういえば、竹の物差しや、棒切れで遊んでいたチャンバラ世代の中年以上の人に多い気もする。

人が大勢いる中で、これをやられると危ないし、不愉快に思う人も多いはずだ。駅の階段を、傘を横にして持っている人の後ろから上ると、傘の先端の尖《とが》った部分が、喉や目の前でチラチラして落ち着かない。もし急に立ち止まったら、確実に後ろを歩いている人のどこかに当たる。

後ろを歩いている人にとっては、はなはだ迷惑なのだが、本人は後ろに目がないので、一向に気づかない。まわりに対する気配りができない人に違いない。そう考えると、仕事一途の人間とは言え、その仕事ぶりもおのずとわかるような気がする。

話す相手を指でさしてしゃべる心理とは

ロシアのエリツィン大統領が、よく話し相手を指でさしながらしゃべっている様子が、テレビに映し出される。相手のことを断定的に決めつけたいとき、人差し指を相手に突き出して話すことがある。相手を威嚇する**「威嚇信号」**である。

もちろん、部下が上司に向かってこんなしぐさはしない。相手の地位が自分と同等か、下のときのジェスチャーだ。

▲相手を指さしてしゃべるしぐさは、相手に威圧感を与える。

しかし、なぜ人差し指を相手に突き出すと、「オレの言うことを聞け」というサインになるのだろうか。

これは、ピンと伸ばした人差し指がナイフや短刀をイメージしているからと考えられている。相手にナイフを突きつけたような気分で、「私の指示どおりにやってもらう」と言っているように聞こえるからだ。

当然、言われたほうは威圧感を感じ、愉快な気分ではない。話している人が、相手の気分など考える余地がないほど、強く指示を出さなくてはならない状況なのか、あるいは、それほど自信たっぷりな性格なのか、どちらかだろう。

どちらにしても、相手から指をさされると、あまりいい気持ちはしない。

あるいは学生のとき教師から、「はい君、答えてみよう」と指をさされ、ドキマギした思いがいまだに消えないからかもしれないが。

張り切ると指をポキポキ鳴らす心理とは

たとえば、屋外のバーベキューパーティーなどで、食材を全部用意し、「さあ、焼き始めようか」という場合、張り切って指をポキポキと鳴らす人がいる。これは自信をもって何かに取り組むときの意思表示である。

「さあ、やっつけるぞ」という軽い**「興奮のあらわれ」**でもある。こういうしぐさは、たいていの場合、手にあらわれる。こぶしをさすったり、組んだ指をこすり合わせたりして、無意識のうちに準備運動をしているわけで、**「意図運動」**とも言われる。

牛が突進する前に、前足で土を掘ったりするのと似ているかもしれない。自信満々で会議に臨み、「今日はこの企画を絶対に通してみせるぞ」というようなとき、会議が始まる前の雑談で、無意識に指をポキポキと鳴らしている男性がいた。

それだけで、「おっ、今日はヤル気だな」と意欲が感じられた。リラックスして雑談に応じているふりを装っているが、心の中はこういう反対意見にはこう答える、どうしても譲《ゆず》れないポイントはここところ、というように思いを巡《めぐ》らしていたのであろう。

そんなあらわれが、指のしぐさにあらわれるものなのだ。

急いでないのにエスカレーターで歩いてしまう心理とは

エスカレーターを歩いて上り下りするのは、せっかちな人ばかりではない。競争心が強く、負けず嫌いな人もよくエスカレーターを歩いている。

こういう人たちは、ぼんやりとエスカレーターに乗っている人を、どんどんと追い抜いていくことに快感を感じているものだ。

ライバルをつくり、その人に一歩先んじたといっては喜び、後れをとったといっては悔《くや》しがる人でもある。

競争心は何にでも発揮される。たとえば、仕事ではライバルに勝てないと思えば、素敵な恋人を見つけて見返すというような場面でも発揮される。

戦う土俵が違おうが、自分一人の思い込みであろうが、あまり関係はない。「あの人に勝った」と自分で思える何かがあることが大切なのだ。

自己満足にすぎないのだが、自己満足できる何かをいつも探し続けることが、負けず嫌いの人のもっている特徴だ。エスカレーターで、どんどんと人を追い抜いていく快感を、いろいろな場面で味わいたいと思っているのかもしれない。

満員のエレベーターや電車の中では黙りこくる心理とは

ラッシュの電車に揺られている人や、デパートのエレベーターに乗っている人は、みんな黙りこくって不機嫌そうな顔つきをしている。

仕事で疲れているというだけでは説明はできない。前に、相手との距離で親密度がわかると書いた。ラッシュの不機嫌さは、そのこととの関係のほうが大きい。

人は誰でも、自分のまわりに見えないバリアーを張っている。これを「**パーソナルスペース**」というのだが、パーソナルスペースは、体を中心に同心円になっているわけではない。前方に広く後ろは狭い。

ある研究では、パーソナルスペースの前方は約一六〇センチメートル、後ろは四〇センチメートル、左右は八〇センチメートルぐらいずつのタマゴ形になっているとされている。このスペースに入れるのはごく親しい友人で、知らない人がこのスペースに入ってくると、緊張感を感じてしまう。

私たちはいつも、無意識のうちに相手のパーソナルスペースを把握し、距離を測って近づいたり、一歩身を引いたりしている。

それができないのが、ラッシュやエレベーターなどの閉塞《へいそく》空間だ。本来なら恋人か、妻や夫でなくては入り込めない四五センチメートル以内の**「密接距離」**に、見知らぬ者同士が否応なくくっついている。

これが不機嫌さをつくり出している原因だ。自分のパーソナルスペースに入り込まれた不愉快さも、相手のパーソナルスペースに入り込んでいるという心地悪さも同時に味わいながら、混雑に耐えている。こんな状態でストレスがたまらないはずがない。

自分の意志ではどうしようもできない閉塞空間に閉じ込められているから、ホームに降り立つと、みんなホッとした表情になる。閉塞空間から解放された人たちが歩いていくようすを注意深く観察していると、少しずつ自分のパーソナルスペースを取り戻そうと努力していることがよくわかる。

歩く速度や、方向をかえて、少しずつまわりに空間をつくり出そうとしている。これもじつは、一つのストレスになっているのである。混雑した都会の中にいるだけで、ストレスはたまってしまい、みんな黙ってしまうのだ。

満員電車の中で眠くもないのに目をつむる心理とは

満員電車の中で、眠くもないのに目をつむったり本を読んでいるのも、「パーソナルスペース」と関係がありそうだ。どちらにしろ、自分のパーソナルスペースが確保できないとあきらめれば、狭い空間を必要以上に不愉快にならない方法を考えるしかない。

人はどんな環境でも適応しようという、たくましさをもっている。その一つが目をつむってしまうことだ。目をつむってしまえば、密接距離にいる見知らぬ人を見ないですむ。目をつむっているうちに眠くなって寝てしまうという人もいるだろうが、最初から寝ようと決めている人ばかりではないはずだ。

ネコはびっくりすると、頭だけでも暗い中に突っ込んでいることがある。人間から見ると頭隠して尻隠さずで、バカだなと思う。しかしネコにすれば、逃げ場のない環境の中で、せめて相手を見ずに安心感を得ようとしているのかもしれない。

本や新聞を読むのも同じような感じだろう。ラッシュのときのほうが本を集中して読めるという人がいる。ストレスがたまる閉塞空間を何とか忘れようと思えば、その分、本に集中せざるを得なくなる。

だから、難しい専門書などは、ラッシュのほうが読みやすいかもしれない。どうせ、一時間ぐらいは本でも読んでいなければ、どうしようもないのだ。そう割り切れば、朝夕のラッシュは学習時間になるかもしれない。

つま先は口先よりも人見知りをする?!

にこやかな笑顔で「お会いできて本当にうれしいです」などと言ってくれても、すぐには信用しないほうがいい。残念ながら人は、心にもないことを平気で言えるのだ。

もしもあなたが疑《うたぐ》り深い人間なら、そんなことを言っている相手のつま先をさりげなく見ることをお勧めする。

もしもつま先がしっかりあなたのほうを向いていれば、その人は本当のことを言っている。つま先が横を向いていたら、残念ながら口先と心の中は別だと思ったほうがいい。

その人を避けたいと思うとき、つま先は横を向いてしまっているはずだ。とくに相手と並んで座るようなとき、この傾向はいっそう顕著にあらわれ、無意識に相手を「**拒絶するサイン**」である。

彼女があなたのことをどう思っているのか、いまひとつ確信がもてないときは、公園のベンチに並んで座ってみるといいかもしれない。

女性は相手を傷つけまいとして、心にもないことをわりと平気で口にする傾向がある。そんなことを言っているにもかかわらず、つま先があなたのほうに向いていなければ、口ほどには真剣に考えていないと思ったほうがいいだろう。

つま先は口先よりも人見知りをするのである。

探し物をする時、独り言を言う心理とは

「あれえ、メガネどっかに置いちゃったよ」などと独り言を言ってメガネを探していると、しっかり者の奥さんが「お父さん、頭の上、もうボケないでくださいよ」などというシーンが熟年夫婦の家庭ではよくありそうだ。

奥さんは、物忘れをするようになったご主人を、ちょっとからかってみたのだろう。し

かし、探し物をするとき、思わず独り言を言ってしまうのも、じつは一種の老化現象と考えられている。だから、「おかしいなあ、アレどこだっけ」などと独り言を言うようになってしまったら、ちょっと気をつけたほうがいいかもしれない。

頭の中だけで整理できず、考えていることが思わず口をついて出るのは、老化の始まりだ。よく年寄りの繰り言などというが、年をとってくると、つまらないことでも口をついて出るようになる。これも一種の独り言だ。

「今日はつまらない一日だったな」と思っても、ふつうは言葉に出さない。これがつい口をついて出てしまうためで、年寄りは案外おしゃべりなものなのだ。

だから、「ええと、アレ、アレ……えっ？　アレッて何を探しているんだっけ」などと全部言葉に出して独り言を言っているようだったら、そろそろ注意したほうがいいかもしれない。

爪を噛む人の心理とは

ずっと昔、ペギー葉山さんが、「爪《つめ》を噛《か》むのはよくないわ」と歌っていた。たしか、別れる女性が男性に、爪を噛むクセを直しなさいとやさしく諭《さと》している歌だった。

そう、思わず爪を噛むのはよくないクセだ。男性も女性も、何気なく爪を噛むのは、甘えん坊の証拠、赤ん坊がよくやる指しゃぶりの代用が爪を噛むしぐさと考えられる。指しゃぶりは、お母さんのおっぱいの代用だから、人前で爪を噛んでいるのは、お母さんのおっぱいをしゃぶって見せているようなもの。「私はまだ大人ではありません」と宣伝しているようなものなのだ。

さすがに、人前で爪を噛む人はそうはいない。しかし、よく指で唇に触れるしぐさをする人はいる。これも、指しゃぶりと同じしぐさと考えられる。唇に触れることで、お母さんに抱かれていたときのような安らぎを得たいという**「親密行動」**なのである。

こう書くと、「そんなマザコンはごく少数の変わり者だ」と言うかもしれない。しかし、そんなあなたは、有名なハンバーガーチェーンの、アイスクリームが半分溶けたような飲み物は嫌いだろうか。

少し太めのストローでその飲み物を飲むとき、何かなつかしいような、甘酸《あまず》っぱい思いに浸ることはないだろうか。その飲み物は、赤ん坊がお母さんのおっぱいを飲むときと同じような吸い方で、口に入るようにつくられていると言われている。

私たちは理屈で考えるほどには、乳離れしていないのである。

女性がひざを抱えて座っている時の心理とは

もしも彼女が、立てた両膝《りょうひざ》を抱きかかえて座っていたとしたら、全身で寂しさをあらわしていると考えて間違いない。

彼女は眠いわけでも、寒いわけでもない。寂しいのだ。このような座り方は女性だけに見られる典型的な**「自己親密行動」**と考えられている。両膝を自分に見立てて、自分を抱きしめているのである。

女性以外では、小さい子どもが寂しさをあらわすとき、よくこんなしぐさをする。家に帰ってきた子どもが留守で入れず、玄関の前で膝を抱えて座っているなどというシーンが思い浮かぶかもしれない。

本当に寂しいときは、そんな幼児性が無意識のうちに表にあらわれてしまうのである。

5章

——いつものジェスチャーには国民気質が見事に表れる

▼例えば人の前を通る時、日本人が手刀を切る心理とは——

耳たぶの触り方一つにも国民性が表れる

私たち日本人は、もともとジェスチャーの少ない民族だ。少ない分だけ、さりげなくあらわれる相手のしぐさを懸命に読み取ろうとする。見えない動作から、相手の心理を読もうとするのが、気配りである。何かのサインを送っているという〝気配〟を感じて、それを読み取ろうと気配りする。

相手の気配などなかなか感じられないから、とにかく気配りだけは欠かさないようにしようと、一方的に気をつかい過ぎることもある。すると、「小さな親切、大きなお世話」などと、迷惑《めいわく》がられることもある。

自分の気持ちを相手に目に見える形で意図的に知らせるジェスチャーが少ない分、いろいろと苦労をしているのが私たちだ。

外国の人は、とにかくジェスチャーが大きい。愛情も侮蔑《ぶべつ》もみんなジェスチャーであらわす。体全体をつかってジェスチャーをするが、とくに頻繁《ひんぱん》につかわれるのが手と顔だ。

耳もよくつかう。日本人は、熱いものをさわったとき以外は、意識して耳をさわることなどほとんどないだろう。だから、かえって無意識に耳をさわってしまうのかもしれない。

しかし、外国にいったらこれは要注意だ。

動物行動学者のデズモンド・モリスによれば、**「耳タッチ」**を意識的なジェスチャーとしてつかっている国の人々がけっこう多いのだ。しかも、国によってその意味するところが違うというからやっかいだ。

イタリアの男性が、男性に対してこのしぐさをしたら、それは、「オマエは女のようにイヤリングをする女々しいヤツ」というサインだ。スペイン南部では、「あいつはタカリ屋だ」と、注意するために耳たぶをさわるそうだ。

逆にポルトガルでは、「おいしそう！」という称賛のサインとして、耳たぶをそっとはさんでゆするジェスチャーをするそうだ。ポルトガルの料理店で、このしぐさをしてみたら喜ばれるかもしれない。

ただし、別の「おいしそう！」という意味で、女性に対してもつかわれるというから、注意をしたほうがいいかもしれない。

人の前を通る時、日本人が手刀を切る心理とは

日本の男性は、人の前を通るとき、「ちょっと失礼しますよ」と言いながら、少し腰を

▲人の前を通るとき、日本人が手刀を切るのはなぜ？

かがめ、チョンチョンと手刀《てがたな》を切って横切る習慣がある。外国の人にも、日本の女性にも、あまりこのしぐさをする人を見たことがない。だから日本の男性に特有の習慣かもしれない。

これは前に何回か書いた、人が自分のまわりに張っている見えないバリアーと関係がある。よく考えてみると、相手との距離が二メートルも離れていて、手刀を切って歩く人はいない。

手刀を切るときは、相手との距離がかなり接近しているとき、つまり相手の「**パーソナルスペース**」を横切っていくときだ。

「あなたのパーソナルスペースをちょっと通らせていただきます。私に害意はありません。通らせていただくことを感謝しながらいきます」

ざっとこんなたくさんの意味を込めて手刀を切っている。

これはつぎに書くが、腰をかがめるのは自分に「**害意がない**」ことを示すジェスチャーだ。手刀を切るのは「**感謝**」をあらわしているのである。

相撲取りは、懸賞金をもらうとき、手刀を切る。正しい手刀の切り方は、まず中央、つぎに右、左の順だ。これは、天御中主神《あまのみなかぬしのかみ》、高皇産霊神《たかみむすびのかみ》、神皇産霊神《かみむすびのかみ》の三神に対する感謝の意をあらわすとされる、故事に則《のっと》った作法だ。

そういえば、私たちも人の前を通るときは、中央、右、左というように、それほどはっきりと三回切るわけではないが、ちょっと右手を上げて腰をかがめて通っていることが多いはずだ。今度そんなしぐさをして通るとき、ちょっと注意してみてほしい。

挨拶の時、日本人が頭を下げる心理とは

私たち日本人がおじぎをする文化は、かなり古い。『魏志倭人伝《ぎしわじんでん》』にも、日本人は貴人に会うと、身を隠すかひざまずいて頭を下げると記されている。

卑弥呼《ひみこ》の時代から、私たちはおじぎをし続けているのである。では、なぜ頭を下げるのか。身を縮め、姿勢を低くして「自分は弱い生き物です」と、相手に示している「**服従行動**」であることもある。

頭を下げるのは無防備な姿勢をあえてとることでもある。「降参」の合図に手を高々と挙げて、害意がないことを示すのと同じで、相手に対する「**服従**」も意味している。

デズモンド・モリスによると、相手に気に入られたがっている劣位者が、優位な相手に対してする**「服従行動」**の一つであるという。さらにモリスは、おじぎをするしぐさが、いまでもおこなわれているのは、日本人とドイツ人で、その反対におじぎをしないのはアメリカ人だという。

よく私たちは、謙虚な人を「あの人は腰が低い」というが、誰にでもいつも腰を低くしておじぎをしているところから出た言い方だろう。もっとも、あまりペコペコとおじぎをしていると、「米つきバッタ」などと、からかわれる。

どちらにしても、頭を下げ、**「謙虚さ」**を示すのが私たち日本人の挨拶となっている。最近はそんなことがなくなったようだが、これが災いして、外国の人からかえって無作法と思われることがあったようだ。

日本人が慣れないイスに座って外国の人を待っている。相手が入ってきても立ち上がって挨拶しないというのが、誤解を招いた原因だ。

もともと私たちには、座敷に入ってきた相手を立ち上がって出迎えるという習慣がない。相手を立ち上がって出迎えるのは、イスに座る人たち独自の文化だ。これはリラックスして座っているのを、あえて立ち上がり、相手と同じようなつらい姿勢をとるという、マナーとして定着したものと考えられている。

私たちにすれば、正座をしているほうがかえって窮屈《きゅうくつ》なくらいで、立っているほうが楽という人だっているだろう。むしろ、かしこまってイスに座り、相手を見上げるポジションにいるほうが、謙虚さを示せると考えたとしても不思議ではない。

文化の違いが招いた誤解だろうが、最近は日本人同士でも、無意識に立って挨拶するようになっている。この場合も、さすがに握手ではなく、おじぎをする。外国の文化をうまく取り入れながら、自分たちの習慣もちゃんと残すという日本人のしなやかさが、こんなしぐさにもあらわれているようだ。

歩く時にポケットに手をつっこむ日本人の心理とは

明治時代の日本人が写っている古い写真を見ると、手を袖《そで》の中に隠して写っているものがかなりある。とくに女性に多いが、男性もいろいろなポーズをとりながらさりげなく手を隠している。

日本には、「写真に写されると魂が抜けてしまう」という迷信があったようだから、あるいは、それと関係があるのかもしれない。魂は手から抜けていくと考えられていたのだ

▲日本人は、歩くときになぜポケットに手を入れるのだろう？

ろうか。そういえば、魂のない日本の幽霊は、やたらに手を強調している。

浮世絵に描かれている人も、さりげなく手を袖《そで》に隠しているしぐさがよく見られる。片方は出ていても、もう片方は袖で隠していたり、男性も、ポケットに手を入れるように袴《はかま》の中に手を入れている。

手を隠すのは、「慎《つつし》み」をあらわすしぐさだったのかもしれない。少なくとも、無作法なしぐさではなかったはずだ。

日本人はよく、コートやジャケット、ズボンのポケットに手を入れて歩いていると言われる。

男性ばかりでなく、女性にも多く見かけるしぐさだ。その点、ヨーロッパの人は、ポケットに手を入れたまま歩いたり人と話をしたりしない。してはいけないと、厳しくしつけられているからだ。

私たちだって小さいころ、「ポケットに手を入れて歩くのは不良のようでみっともないからやめなさい」と、母親に注意された人も多いのではないだろうか。だが、日本人はそれでもつい、ポケットに手を入れてしまう。

文科人類学者の野村雅一氏は、ポケットではないが、日本人の男性がズボンに手を入れて歩くことが多いのは、日本人には昔から両腕を大きくふって、そのふりを利用して歩くという習慣がないからだろう、と述べている。

若い男性が両手をズボンに入れて、肩をいからせ前かがみで歩くと、右肩と右足、左肩と左足が交互で出るという。この歩き方は、つぎの項目で説明する、日本人の伝統的な**「ナンバ」**という歩き方である。

なかには、ポケットに手を入れ、肩で風を切って歩く気はないのだが、何となく両手をぶらぶらさせて歩くと落ち着かない。だから、ついポケットに手を入れてしまうという人も多いはずだ。

これは、自分で自分の体にさわり、仮の親密性を求める**「自己親密性」**の一種であるとも言える。

また、ポケットに手を入れるのは、慎みをあらわすしぐさの名残が、まだ私たちのどこかに残っているから、ということもできる。

日本人は昔、右手と右足を一緒に出して歩いていた?!

小学生のころ、運動会の練習には、かならず行進が入っていた。音楽に合わせて、一、二、一、二と歩く。どうかすると、右手と右足が一緒に出て、友達や先生に注意されている子どもがいなかっただろうか。

緊張すると、ついそんな歩き方をしてしまうが、これはもしかしたら知らぬ間に、昔の日本人の歩き方をしてしまっていたのかもしれない。

日本人は、西洋文明が入ってくる前の江戸時代ぐらいまで、ごくふつうにそんな歩き方をしていたのだ。

もちろん、運動会の行進のように、大きく右手と右足を一緒に出して歩いていたわけではない。

むしろあまり手をふらず、足だけで歩き、手が動くときは前に出ているほうの足と一緒に動かす。これが、ほとんどの人のごくふつうの歩き方だった。この歩き方を**「ナンバ」**という。

「ナンバ」は日本の民族芸能の基本動作だ。盆踊りの型でも、右手と右足が同時に前に出るしぐさはよくある。

剣道も右手と右足を前に出して構えている。すり足と半身が「ナンバ」の特徴だが、盆踊りの動作が違和感なく受け入れられるのも、私たちの体の中に「ナンバ」の動きが、色濃く残っているからではないだろうか。

おそらく私たちは太古の時代から、ごく自然に右手と右足を、左手と左足を一緒に出す歩き方をしていたのだろう。

それが矯正《きょうせい》されたのは、せいぜい明治時代に入ってからで、まだ一五〇年にも満たない短い間だ。

伝統芸能研究家の武智鉄二氏は、このような「ナンバ」歩きについて、農民が畑で鍬《くわ》をふるっているしぐさからきているのではないかと指摘している。

着物を着ていてはあまり大股で歩けない。鍬をふるうときのように、半身すり足でなら、あまり大きくふらずにスッスッと歩けそうだ。

右手右足が一緒に出てしまうのは、日本人の祖先の血が思わずそうさせてしまっているのかもしれない。

アメリカ人は話を聞く時あいづちを打たない

アメリカのビジネスマンが日本人と商談をしていた。日本人が何度もうなずきながら「ハイ」と言うので、アメリカ人は商談が成立したと思い、契約書を出したところ、日本人に「ノー」と言われた。だから日本人の「ハイ」は英語では「ノー」の意味だ。

これは外国人同士ではよく交わされるジョークだ。外国人のように、論理で考えれば、そういうことになる。

しかし私たちはいつも相手と論理的な話をするだけではない。相手の感情を害さないように、「あなたのおっしゃることはわかります」というサインでうなずきながら「ハイ」と言う。ところが外国の人にはこれが、「あなたの話に同意します」というサインで受け取られることがある。このようなあいづちは、私たちが考えるよりもっと、**「合意」**のニュアンスが強い。

私たち日本人は会話のとき、相手を不愉快にさせないようにしようという感情が優先してしまう。だから、相手が無理なことを言っているなと思っても、無理して笑みを絶やさないことがあるし、うなずくこともある。だから、論理が優先する外国人とのビジネストークでは、誤解を招くことがある。

アメリカ人も会話の中でうなずくし、あいづちを打つが、私たちほど頻繁にはそのしぐさをしない。私たちは話を**「強調する」**ときもうなずくし、相手の**「合意をうながす」**ためにうなずくこともある。それに答えるかたちでうなずきながら「ハイ」と言う。

しかし、その場合も、相手がうなずいたからといって、「契約書」を取り出すほど本気で考えているわけではない。

私たちがよくやるうなずきながら、「ハイ」という程度のあいづちは、アメリカ人はこちらの目を見たまま、言葉だけで「イエス」と言い、「アッハン」と言う。これが、「あなたの話を聞いています」とか、「もっと先を続けて」というサインなのだ。

ゆっくりとうなずくのは、「同意しました」というニュアンスでつかわれることが多い。

アメリカ人は、うなずきと言葉を微妙につかい分けている。それを日本人がごちゃまぜにして、しかも頻繁につかうので、混乱してしまうということなのだろう。

だから、ビジネストークでどうしてもうなずいてしまいそうだと思ったら、最初に「私がうなずくのは日本人の習慣で、合意ではありません」とことわっておいたほうがいいかもしれない。

フランス人がよく「もみ手」をする心理とは

フランス人もよくもみ手をするという。「ほんまかいな」と大阪の人は思うかもしれない。もみ手は大阪商人の専売特許ではなかったのだ。

日本人は、商売で取引先の相手に、頼み事や詫《わ》び事をするときに、つい、両手をすり合わせてもみ手をしてしまう。ではフランス人は、どんなときにもみ手をするのだろうか。

「さあ、これから楽しむぞ」というときだそうだ。だから、おいしい食事が出てきてももみ手をするし、美しい女性がベッドに横たわっていても、もみ手をする、かもしれない。

肉食が中心だった西欧人は、苦労して獲《と》った獲物《えもの》を前にして、「さあこれから解体して、ごちそうにありつくぞ」と思う。その楽しさで、思わず手が先に動いてしまうのだそうだ。苦労して獲った獲物を解体するのと、できあがった料理を公平に切り分けるのは、男の仕事であるとされている。

西欧人は、子どもが一人前になると銃を与え、父親が狩りに連れていく。獲物の獲り方を教え、ナイフをつかってうまく解体することを教える。苦労して獲った獲物を、むだなく食べることをさりげなく教えるのだそうだ。

▲フランス人は、よく両手をすり合わせる〝もみ手〟をする。

ウサギやシカはそう簡単に獲れるわけではない。おそらく足を棒にして歩きまわり、ようやく一頭の獲物を仕留めるのだろう。子どもの前で、「さあお楽しみはこれからだぞ」とばかりに、もみ手をしている父親の姿が目に浮かぶようだ。

そんな父親を見て育てば、子どもも知らないうちに、楽しいことを目の前にしてもみ手をするようになる。

グルメなフランス人ならなおさらだろう。しかし、日本人の父親はこうはいかない。獲物を解体するとき、子どもがいやがる前に、父親のほうが気絶してしまうかもしれない。

文化の違いというほかない。

口を隠して笑うのは欧米ではタブー

日本の女性は、おしとやかに口を手で隠して笑う。「オホホホ」という笑い方だ。そういうしぐさを見ると、日本の男性たちは「かわいい女性だな」と思ったりする。大きな口を開けて、「ガハハハ」と笑う女性はあまり見かけないし、見たとしても「かわいいな」とは思わないだろう。

ところが、欧米の男性は、「オホホホ」と笑うしぐさが、かわいいとは思えないらしい。むしろ、不気味な印象を受けるそうだ。

口に手を当てて、「イッヒッヒッヒッ」と笑う若い女性がいた。もちろんわざとそんな笑い方をして、みんなの注目を浴びたがっているだけなのだが、わかっていても、ちょっと落ち着かない。彼女は幼いとき、魔法使いになりたかったそうだ。

それで思い当たったのだが、欧米の男性は日本の女性が口に手を当てて、「オホホホ」と笑うと、私たちが「イッヒッヒッヒッ」という笑いを聞いたのと、同じような気分になるのではないだろうか。

欧米人は子どものころから、「自分の意志は言葉できちんと伝えなさい」としつけられている。

口に手を当てるのは、「私はウソをついています」というメッセージを伝えるようなものだから、意識的に口に手を当てるということはない。思わず口に手がいってしまうのは、ウソをついているときか、人の悪口を言っているとき、よからぬことをたくらんでいるときなど、本当の気持ちを隠しているときなのだ。

魔法使いがどんな笑い方をするのかはわからない。しかし、欧米人にとっては、口を押さえて忍びやかに笑うというイメージがあるのではないだろうか。

しかし日本人の、とくに女性は、笑うときは口を隠して上品に笑えとしつけられてきた。みっともないから大口を開けて笑うなとしつけられたはずだ。もっと前は、「笑うな」としつけられた。「そんなつまらないことで笑うな」とか、「にやけた表情をするな」という具合に、笑いそのものを禁じる叱り方がたくさんあったように思う。

だから笑いを隠すほうが、日本人にはおしとやかに見えるのだが、それが欧米人には、誰かの陰口を言って笑っているように見えてしまうようなのだ。

かしこまって体の前で手を重ねるのは日本人だけ?

デパートの開店や、銀行の開店のときには、店員さんや行員さんが体の前で手を重ね、ていねいにおじぎをしてくれる。社長の退屈な訓示を聞いている社員も、体の前で手を重ねている。

▲日本人が、体の前で手を重ね、おじぎをするのはなぜ？

私たちにとっては日常的に見るごくふつうのしぐさだが、欧米人はこのしぐさも奇異《きい》に感じるようだ。

そんな私たちのしぐさが陰で、「あれはイチジクの葉かい？」などと言われているらしい。もちろん、アダムとイブがエデンの園を追われるとき、イチジクの葉で大切なところを隠しながら出ていったという旧約聖書の故事を踏まえての揶揄《やゆ》だろう。

私たちには、貴人の前で「**畏《かしこ》まる**」という作法があった。

辞書で調べると、さまざまな動作が「畏まる」に込められている。よく、畏敬《いけい》の念をもつとか、畏怖《いふ》すると言う。思いを強調する言葉が添えられているが、すでに「畏まる」にこれらの意味が含まれている。このほかにも、正座するとか、詫《わ》びを入れる、お礼を述べる、謹慎《きんしん》する、遠慮する、拝聴するなど、貴人に対し、敬《うやま》い、怖れるというあらゆる思いが、「畏まる」に凝縮されている。

これらの複雑な思いを一つの形にあらわしたのが、体の前で手を重ねるしぐさだ。私たちにとってはまことに便利な動作で、これさえしていれば、畏まっているように見える。だからあちこちで体の前で手を重ねている。

サッカー選手が、フリーキックに備えてカベをつくっているときのしぐさとは根本的に違うのだ。でも、外国の人にはきっとあんなしぐさに見えるのだろう……。

日本人はスキンシップが嫌い？

ジョン・レノンは「ラブ・イズ・タッチ　タッチ・イズ・ラブ」と歌っている。欧米人にとって、相手の体に触れることは、**「親密さ」**や**「信頼」**を素直にあらわす手段なのだ。

日本人も、もちろん頻繁に相手の体に触れる。ただしそれは自分の子ども、しかも幼児期の間に限られるようだ。子どもが成長するにしたがって、スキンシップの量は格段に減っていく。

「親離れ」というと、私たちは文字どおり親から距離を置く、スキンシップを卒業するような感じをもっている。アメリカのコミュニケーション研究家、D・Cバーランドが日米の大学生を調査した結果では、アメリカ人の大学生のほうが、日本人の大学生より二倍以上もスキンシップを繰り返していることがわかった。

とくに親とのスキンシップでは、アメリカ人大学生が日本人大学生の三倍以上という結果が出ている。

日本では、すでに高校生の段階で、親が子どもの体にさわる回数は極端に減っているはずだ。父親が高校生の娘にスキンシップしようとしても、気持ち悪がって逃げられる。娘の肩をポンとたたいただけで、「気安くさわらないで」と言われたと、しょげていた父親もいるほどだ。

前出の野村雅一氏は、著書『身ぶりとしぐさの文化人類学』（中公新書）の中で、ロシア人は、男性同士でもしっかり抱き合って右、左、右とキスしたり、同じ相手と一日に何度も握手したりする**「接触人間」**であるのに対して、日本人は体の接触度がかなり低い**「非接触人間」**であると述べている。

日本人は、よほど、心を許した者同士でなくては、「気安く」さわられたくないと考える。これは東アジアに共通する感覚のようだ。

とすると、「男女七歳にして席を同じうせず」と説いた、儒教の影響が心理面に強く影響しているのかもしれない。

東京人は英国人気質？ 大阪人はイタリア人気質？

同じ日本人同士でも、育った場所により気質に違いが出る。一般に大阪人はせっかちで、開けっ広げに陽気で、公共のルールを守るのが苦手と言われている。駅のホームできちんと並ばないとか、信号が黄色にかわっても、どんどんと交差点に入ってくる、赤信号でも道路を横断する、などと言われている。

一方、東京人は一般に、忍耐強く、外観を気にする気取り屋で、公共のルールを守ろうとすると言われている。おいしいお店があると評判になれば、混雑していてもきちんと行列をつくってじっと待つし、筋が通っていれば、ムダな金でも出す。およそ車がきそうもない信号でも、赤ならちゃんと止まっているドライバーが多い。

このような気質は、イギリス人に多いと言われている。社会心理学者のピーター・コレットによれば、イギリス人は何時間も車の渋滞《じゅうたい》を我慢しているし、整然と列をつくることに喜びを感じるという。イギリス人は、一人しかいなくても整然と列をつくる民族なのだそうだ。

一方、イタリア人はどうか。コレットの観察では、車の運転では、何としても前に出ようと思い、車の間を縫《ぬ》うようにして走り、ちょっとでも渋滞すると激しくクラクションを鳴らすそうだ。さらに行列が嫌いで、イタリアでバスに乗ろうとすれば、行列を探す必要はない、そんなものはないからだと言っている。

コレットはこのような気質の違いについて、イタリアなどのラテン民族は、「集団主義」で、自分が属する集団には完全に献身するが、集団以外の人々には、ほとんど関心をもたないからだと説明する。

身内や仕事の同僚などとは、親密につき合おうとするが、その分逆に、道路を走っている見知らぬドライバーや、ホームで待っている他人には、冷たくなるということだ。

あるいは大阪人には、そんなラテン系の民族と共通する心理があるのかもしれない。かつては世界の中心であり、いまはその座を退いてしまった歴史も、規模の違いはあれ似ていなくもない。

大阪人は、自分たちの言葉に誇りをもっていて、大阪弁を話さなければ大阪人ではないというような、一種の集団主義がある。東京の電車に乗っていると聞こえるのは、いわゆる共通語と、にぎやかな大阪弁だけだ。

東京には各地からいろいろな人が集まってくる。考え方が微妙に異なる人々とうまくやっていくためには、忍耐も必要だし、何より公共のルールを守るという堅苦しさが必要になる。多くの人が集まって、「東京人」をつくっている。

大阪人から見ると、「東京人」のしぐさは気取っていたり、堅苦しかったりするようだが、どこかで自分自身をつくっているからかもしれない。

国によってさまざまな意味をもつOKサイン

ジェスチャーは時代によって少しずつ意味をかえていくようだ。

たとえば、親指と人差し指を丸めて、ほかの指を立てるサインは、いまはほとんど「OK」の意味でつかわれている。しかし、少し前までは、このサインはお金を意味していた。「いまちょっとこれがピンチなんだ」と言えば、誰でも、あまりお金をもっていないとわかった。

丸は、円や硬貨をあらわすサインだったのだ。

いま、一生懸命そんなサインで訴えれば、相手は勘違いして、笑いながら同じサインを返してくるに違いない。もちろん相手のサインは「君もうまくいっているの？　ぼくもGOODだよ」という意味だ。

▲親指と人差し指を丸めるサインは、アメリカ人のしぐさ。

親指と人差し指を丸めるサインが、**「ＯＫ」**とか、**「ＧＯＯＤ」**をあらわすようになったのはアメリカの影響だ。それは私たちのしぐさが、いかにアメリカの影響を受けているかのあらわれでもある。

アメリカ人がよくつかうこのサインは、丸が完全をあらわすからとも、単に「ＯＫ」の「Ｏ」を模《も》したものとも言われている。

しかしこのサインは、日本人とアメリカ圏の人々の間にしか通用しない。

もしもあなたがフランスに行って、買い物をし、気に入って「ＯＫ」サインを出したとする。店員はあわてて品物をケースに戻すか、怒り出すかもしれない。

フランス人にとってこのサインは**「ゼロ」**、あるいはゼロから転じて、**「価値のないもの」**をあらわすサインなのだ。

商品を戻されるぐらいならまだいい。うっかりギリシャで「ＯＫ」サインを出せば、相手を性的に侮蔑したと勘違いされるかもしれない。「ＯＫ」サインはマルタ島ではオカマを意味するサインとしてつかわれているそうだ。
国がかわれば、意味するサインも違うことを覚えておいたほうがいいかもしれない。

恋人同士が人前でキスをする心理とは

欧米人や香港人は人前でキスをする。日本や韓国、中国人は、人前でキスをしないと言われている。あるいはこれも儒教の影響かもしれない。欧米人の中でも、とくにフランス人はキス魔だと言われる。キスのヨーロッパチャンピオンは間違いなくフランスだと、欧米人は口をそろえて言う。

なぜ欧米人や香港人は人前で、平気でキスをするのだろう。キスは、鳥の供餌とよく似た動作だと言われる。親鳥はヒナに消化しやすくした餌を口移しで与える。その昔はヨーロッパでも、母親が同じようにして赤ん坊に食事を与えていた。

その愛情表現が、キスのルーツだとされている。しかし、ヨーロッパでも二人の仲が親密になるにつれ、あまり人前でキスをしなくなるという。

動物行動学者のデズモンド・モリスによれば、本当に親密になった恋人や夫婦、友人は人前ではあまりベタベタとしないようだ。

話はちょっと横道にそれてしまうが、結びつきが完成した者同士のおもしろい特徴を挙《あ》げているのでちょっと紹介しておこう。特徴は五つある。

①個人名を用いることが減る。

②握手も減る（だが、フランス人は例外だそうだ）。

③社交の場以外では静かに一緒に座っている。

④相手への気遣いが消える。

⑤お互いの身の上話がなくなる。

どれもいわば当たり前のことだが、自分のことに置きかえて親しい人との関係を考えると、どれも思い当たる接し方をしている。

この点についての心理の違いは洋の東西を問わず、あまりないように思われる。人間は本当に親しくなると、あまりベタベタとくっついたり、舌がくたびれるぐらいに話をしなくてもすむようになる。モリス流に言えば、「静かに一緒に座っている」ことができるようになるのである。

ということから見ると、人前でキスをするのは、二人の結びつきがまだそれほどしっかりとしていないことをあらわしているようだ。

だから人前でキスをすると言えないだろうか。大勢の人の前でも平気でキスをできるくらい、二人は親密なのだとデモンストレーションしている。他人に見せつけることによって、二人の親密さを確認しているのである。

つまりは、そういう確認をしなければならない程度にしか親密ではない、ということでもある。若葉マークのカップルということだ。

日本人は人前ではキスをしないと書いたが、最近の若いカップルは、わりと平気でキスをしているのを見かける。

見せつけることで愛を確認したいのだろうから、私は教会の神父にでもなったような気持ちで、慈愛《じあい》に満ちた眼差しで見てあげることにしている、というとかっこうがよすぎるだろうか。

本当のことを言うと、見るのは恥ずかしいが、目をそらすのも恥ずかしい。体が言うことをきかないだけなのだが……。

ヨーロッパでは「アカンベー」はどんな心のサイン?

もしもあなたがスペインかイタリアに旅行していて、露店商にしつこく商品をすすめら

▲「アカンベー」のしぐさには、「だまされないぞ」の意味も。

れているとする。そんなとき、近くにいる人があなたに向かってそっと「アカンベー」をしたとしたら、あなたはその人に感謝しなくてはならない。

「アカンベー」をしてくれた人は、「その露店商は食わせ者だから気をつけなさいよ」とじつは、あなたにサインを送ってくれたのだ。

子どものころ、私たちもよく憎まれ口を利《き》きながら「アカンベー」をした。目の下を指でひっぱり、舌まで出して相手を侮蔑する。舌を出すのは相手を「**拒絶するサイン**」であることは、すでに書いた。

目の下を指で引っ張るのは、「大きく目を開いておまえのすることを見ているぞ」というサインだ。当然そこには、だからウソはつけないぞとか、インチキは許さないぞという警告、あるいは、ウソを全部見ていたぞとか、インチキを見ていたぞという「**侮蔑**」が含まれている。

私たちは、さすがに大人になって「アカンベー」をすることはない。心の中で密かに舌を出したり、アカンベーをしたりする程度だ。しかしヨーロッパの人々は、大人になってもときどき「アカンベー」のしぐさをする。

目の下を思いきり引っ張るようなことはしないが、軽く引っ張ったり、あるいはさわるというジェスチャーのようだ。「私はしっかりと見ているからバカじゃないよ」という意味や、「だまされないわよ」という意味で直接相手に向かって「アカンベー」をすることもある。

それだけでなく、冒頭に書いたように、第三者に向かって「あの男は注意したほうがいい」というサインとしてもつかわれているようだ。

どちらも「目を大きく開けて見る」というサイン。目は口ほどにものを言っているのである。

日本人が顔で笑って心で泣く心理とは

悲惨な事故が起きると、外国の人たちは体を震《ふる》わせて泣いている。しかし、日本人は懸命に耐えていて、悲しみを表にあらわさないようにしようとしている。喜怒哀楽《きどあいらく》の感情をすべてのみ込んでしまおうとするから、外国の人からは誤解を招くことが多い。

最近はそんなしつけがされないが、私たちが子どものころは、まず「我慢」を教えられた。中年以上の人々は、「我慢」とともに育ってきたはずだ。「お兄ちゃんなんだから我慢をしなさい」と言いながら、別の場面では「弟なんだから我慢しなさい」と言う。

母親の気持ちの中では、この言い方に矛盾はなかったようだ。それはまず「我慢」があって、それに兄も弟も従うというような考え方だったようだ。痛いときも辛いときも我慢だが、うれしいときも我慢させられた。

ねだって、ようやく買ってもらったオモチャを外にもっていこうとすると、「みんながもっていないのだから、自慢げに見せびらかさないで、我慢して家で遊びなさい」と、ここでも我慢が出る。

そんな状況は、いまでは考えられもしないだろうが、つい数十年前までは、けっこう日常的におこなわれていたのだ。

こうやって子どものころから「我慢」とつき合っていると、感情を表に出したいとき、無意識のうちに「我慢しなくてはいけないのだろうな」と思うようになってしまう。顔で笑って、心で泣くという状態だ。

あまり「我慢」が辛かったので子どもには、「そんなにヤセ我慢しなくてもいいんだよ」

と言っているうちに、今度は辛抱《しんぼう》ができない子どもが増えてしまった。そんな悲哀《ひあい》を多くの人が味わっているのではないだろうか。

なぜそんなにも「我慢」が表に立ってしまったのだろうか。よく言われるように、わずかなミソやショウユを貸し借りするほど、隣近所との共同体が密接な関係をもっていたからだろう。お互いに助け合わなければ暮らしていけなかったから、個人の感情はできるだけ抑えるのが美徳とされた。

わがままな家族がいれば近所が迷惑する、わがままに振る舞えば家族が迷惑する。ごく自然にそんな環境ができあがっていた。だから、怒りや悲しみだけでなく、喜びまで我慢しようとする気持ちが、無意識のうちに働いてしまうようになってしまったのではないだろうか。

日本人はなぜ「ジャパニーズスマイル」をするのか

外国の人々が私たちを理解しかねるというしぐさの一つに、「ジャパニーズスマイル」がある。「なぜ日本人は、失敗したときに笑うのか」、「なぜ、日本人は困っているときに笑うのか」といぶかしがる。

「いや、あれは照れ笑いですよ」と言っても、なかなかわかってもらえないだろう。おかしいときに思いきり笑わず、失敗したときや困っているとき、怒っているときなど、笑うべき場面でないところで笑う。なぜそんな場面で笑うのかというのが、なかなか理解してもらえない。

というより、私たち自身も、本当のところはよくわかっていない。失敗したとき、「笑わなくては」と思う人はいないだろう。思わず出てしまうのが照れ笑いだ。

そのあたりの心理について、民俗学者の柳田国男がおもしろい説を唱《とな》えている。気難しい神を笑わせようとするしぐさだというのだ。

古い八百万《やおよろず》の神の中には、気難しい神様もいる。神様が不機嫌では、私たちは幸せになれない。

そこで何とか不機嫌な神様にも笑ってもらおうと、バカなことや失敗をしたときに笑ってみせ、そのしぐさのおかしさで、神様にも笑ってもらおうと思っているのだという。

つまり照れ笑いは相手に見せるものではなく、神様に見せるための笑いということになる。それなら、欧米人や私たちにも理解できないのが、かえってよくわかるというものだ。何しろ相手は人間ではなく神様なのだから、神ならぬ人間に、そのしぐさがわかるはずがない。

欧米人が困ったときに、深刻な顔をして「オー・マイ・ゴッド」と天を仰ぐかわりに、私たちは「失敗してしまいました、ハッハッハッ」と笑って見せていると思えばいいかもしれない。

どうせ照れ笑いをすまいと思っても出てしまうのだから、「これは神様に見せている」と思って、自信をもってやってみようか？

親指立ての「ＯＫ」サインはローマ時代から

最近私たちもするようになってしまった、ゲンコツを握って親指を一本立てるしぐさは、遠くローマ時代から伝わっている「ＯＫ」サインだ。

その起源は、古代ローマ時代にコロシアムでおこなわれた奴隷たちの格闘技にまでさかのぼることができる。勇敢《ゆうかん》に闘った闘士に対し、見物の民衆が親指立てのサインを出して、王に自由を求めた。逆に卑怯《ひきょう》な闘いをしたり、あるいは弱かったりすると、親指を下にして王に死刑を求めたという。

これが延々と受け継がれ親指立ては、「**同意**」やさらには「**幸運を**」という意味をもっ

▲ゲンコツを握って親指を立てるしぐさは、同意をあらわす。

たサインになっている。逆に親指を下げるのは、「おまえは死刑だ」という意味のほかに、「**賛成しない**」「**不同意**」の意味ももつようになっている。

ヨーロッパのサッカーのゲームをテレビで見ていると、ミスをした選手に容赦《ようしゃ》なくブーイングが発せられ、同時に指下げのサインを送っているのが映し出される。

ひょっとするとあれは、サッカー観戦の人々が、コロシアムで格闘家の闘いを見ている気分になって、「おまえは死刑だ」とアピールしているのかもしれない。そう考えると、気が優しい私たちは、うっかり親指下げのサインを出せなくなる。

侮辱のVサインを勝利のVサインに変えたヨーロッパ人の心理

いまVサインは、多くの人が気軽につかう「**勝利のサイン**」だ。ただし、正しいVサインのやり方がある。これを間違えると、いっぺんに相手をこのうえなく侮辱するサインになってしまう。

正しい勝利のVサインは、手のひらを相手に見せて「チョキ」をつくる。人差し指と中指は真っすぐに伸ばさなくてはならない。一方、相手をこのうえなく「**侮辱する**」Vサインは、手の甲を相手に見せてVサインをつくる。指は牛の角《つの》を連想させるように何となく曲がっている。

もともとは、相手を侮辱するサインとしてヨーロッパでは広まっていたようだ。それが第二次世界大戦中、侵略してきたナチス・ドイツに何とか抵抗しようと、ベルギーの法律家が壁に書き散らす落書きのサインに、勝利をあらわす頭文字の「V」を書くことを提唱した。「V」はフランス語でも、英語でも勝利をあらわす。

その後イギリスのチャーチル首相がこれを広め、「V」サインは、勝利を意味するサインとして定着するようになった。

おもしろいのは、侮辱をあらわすサインが文字どおり〝手のひらを返した〟ように勝利のサインとして使われたということである。

恐らく、当時のヨーロッパの人々の中には、このサインを出すことによって、ナチス・ドイツを侮辱する気持ちが強く働いていたのではないのか。ただ、元のサインが、あまりにも下品であったために、上流階級の人々にはそのままつかうことがためらわれていた。そこでこれは牛の角ではなく、勝利をあらわす「V」なのだという言い方が絶好の隠れ蓑《みの》になった。

きわめて下品なジェスチャーをちょっと加工して、心理の中でナチス・ドイツを侮辱しながら、一方で「勝利」を誓う。イギリス人ならではの、複雑な心理が「V」サインには秘められていると思うのだが。

❻章

――なぜ男と女、子供と大人は別のしぐさをするのだろう

▼例えば人とすれ違う時、男と女では体のねじり方が逆になる心理とは――

「ダメ」と言われるしぐさをしたくなる子供の心理とは

子どものころはけっこう禁止事項がある。「何でも口に入れて食べてはダメ」から始まって、「お母さんの目の届かないところにいってはダメ」「危ないところで遊んではダメ」「夜遅く帰ってきてはダメ」「タバコを吸ったりお酒を飲んではダメ」と、続いていく。

こうした行動だけでなく、しぐさも禁じられることが多い。「指をしゃぶってはダメ」「頭かいてはダメ」「ポケットに手を入れてはダメ」……などである。

小さいころは母親の言うことをちゃんと聞く。しかし、やがて親の目を盗んで、「ダメ」と言われることをしたくなってくる。

なぜ禁止されると、逆にしたくなるのだろうか。

心理学者のブレムはこれを、**「リアクタンス」（心理的抵抗）**と名づけて説明している。子どもに自我が出てくると、自分のことは自分で決めたいと思うようになる。それは、自由に振る舞える領域を広げていきたいということでもある。そこに親からの「ダメ」の壁が立ちはだかる。

すると、意識がその〝壁〟から離れなくなってしまうのだ。「その壁を乗り越えさえすれば、もっと自由な楽しい世界があるに違いない」ということに意識が集中してしまう。そこで、「ダメ」と言われるしぐや行動ほどやりたくなってしまうのである。

誰でも狭い一室に閉じ込められていたら、自由に外を走りまわりたいと願うだろう。だが、いつでも好きなときに外に出られると思うから、かえって部屋に閉じこもってテレビゲームに熱中するということになる。

「テレビゲームばっかりやってちゃダメ」と言われるから、かえってしたくなるということもある。これも心理的リアクタンスである。

そういえば、人気のゲームソフトも、この**「心理的リアクタンス」**をうまく利用した販売戦術を展開している。

大量に売るために、逆に生産を抑え、品薄にしてしまうのである。これは、「買ってはダメ」と言われているのと同じ効果を生む。手に入らないと思うから、よけいに欲しくなるのだ。

タバコやお酒はもちろん論外だが、子どもに何でもダメと禁止するよりは、自由に何でもやらせてみて、自分で決めたことに責任をもたせるように、仕向けていったほうがいいかもしれない。

試験が迫るとテレビゲームをしたくなる心理とは

「うちの子は、試験が近くなると、勉強しないでテレビゲームばっかりしているんですよ」と、ぼやく母親がいる。「私がうるさく言うから、逆らってわざとやっているのかしら」と気にしている。

それは少し考え過ぎだろう。大人でも仕事が忙しいときに限って、夜の街をフラフラと歩きたくなる人がいる。締め切りが近づくと、やたらにゴルフをしたくなる作家もいるそうだ。おそらく子どものころ、試験の前になると、ゴロッと寝転がってマンガを読んでしまったタイプだ。

子どものころはまだ自分に対し、そんなに自信がもてない。しかし、プライドは大人並みにもっている。こんな不安定な精神状態のとき、無意識に自分で納得のいく、失敗の原因をあらかじめ用意してしまうということがある。

「セルフ・ハンディキャッピング」といわれる心理だが、自分で自分のプライドを傷つけないですむ逃げ道を用意してしまうのである。

試験の前にテレビゲームに熱中してしまうのは、試験で思うような点数が取れなかったとき、「ああ、あのときテレビゲームで遊んでしまったからだな」と思いたいからだ。テレビゲームさえしなければ、いい成績が取れたはずだと思うことで、プライドは傷つかずにすむ。

自信はさまざまな経験を繰り返すなかで、だんだんについていく。自信がもてなければ、不安が大きくなる。人は、大きな不安を抱えると、何とかプライドだけは守りたいと思うものなのだ。

もちろん周到《しゅうとう》な準備さえしておけば、そんなことをしなくてすむ。しかし、そういうことは、失敗して痛い目にあいながらだんだんと身につけていくものなのである。

大学生のころ、試験の前日にワル仲間数人で友達の下宿に集まり、カンニングペーパーづくりに励んだことがあった。

一人が「酒でも飲みながらやろうや」と言い出し、チビチビとやりながら、小さな紙に細かい字を一生懸命になって、書きつけた。いまから思えば、「酒でも飲みながら」というのは、**「セルフ・ハンディキャッピング」**だ。

なんと徹夜でカンニングペーパーづくりに熱中し、夜が白々と明けるころ、一人の仲間がふと思いついたように言った。

「結局、徹夜をするんだったら、まともに勉強しても同じだったんじゃないのか」

まったくもって、その通りだった。しかし、徹夜でバカげたことをしなければ、そんな当たり前のことにも、なかなか気がつかないものなのではないだろうか。

子供が鉛筆を噛んでしまう心理とは

小学校に入りたての子どもは、よく鉛筆を噛《か》む。どうかしてクセになってしまうと、中学生でも鉛筆を噛んでいる子どもがいる。

このしぐさは、心理学では緊張してイライラしているときに出る「**転位活動**」という。鉛筆を噛むことによって「**緊張を紛《まぎ》らわしている**」のだ。動物の脳は、何かを食べているときが一番リラックスするように仕組まれている。

食べるとは噛むことだ。イライラしているときにガムを噛むと、リラックスするという実験結果もある。授業中にガムを噛むわけにはいかないから、もっとも手近にある鉛筆を噛むのだろう。

これがみっともないというので、何とか子どもに鉛筆を噛ませないようにしようと、鉛筆の両端を削《けず》って子どもに持たせているという人がいる。

たしかにこれでは鉛筆は嚙めない。しかし、それは緊張を転位させる道具を一つ奪《うば》ったのと同じことになるだけだ。

緊張する状態はかわらないのだから、子どもはほかの何かを探し出してイライラを解消しようとするはずだ。

前の席の女の子の髪を引っ張るとか、教室内をうろうろ歩きだすというような、別の動作になってあらわれる可能性のほうが高い。

鉛筆がボロボロになるくらい嚙まれているとしたら、むしろ子どもが、何かの原因で緊張していて、イライラしているサインだと思って、なぜ緊張するのかに目を向けたほうがいいだろう。

友達関係か、授業についていけないのか、何らかの原因があるはずだ。

それに鉛筆を嚙むのはそれほど悪いことではない。スルメを嚙んでいるのと同じようなもので、嚙めば脳の快感神経が刺激される。脳がシャキッと目覚めたり、集中力がわいてきたりする。

子どもはそんな体験をしているから、無意識のうちに、鉛筆を嚙んでいるのかもしれないのだ。

若者が街中でしゃがむ心理とは

おそらく高校生ぐらいだろうと思うが、近ごろでは、街の中やコンビニエンスストアの店先などで、しゃがんで仲間と話をしている姿をよく見かける。年配の方は懐かしい風景と思うかもしれない。昔はよく、道にしゃがんでバスを待っているおばあさんがいた。

竹久夢二の美人画にも、美しくしゃがんでいる女性がよく描かれている。膝《ひざ》をきちんと閉じ、つま先立ちするようなかっこうでしゃがんでいる女性は、物憂《ものう》げで、何やら頼りなさそうで、風情《ふぜい》がある。しゃがんでバスを待つおばあさんのほうは、ひざこそ閉じているが、ベッタリとかかとが地面についていて、あまり風情はなかった。

いまどきの街中の若者は、ひざを開いてしゃがんでいる。男の子が多いが、制服を着た女子高生もときどき見かける。昔は雪隠座《せっちんずわ》りと言って、間違っても人前でするかっこうではなかった。

なぜ人がたくさん見ている前で、そんな無様《ぶざま》なしゃがみ方をするのだろうか。おじいさんやおばあさんに聞けば、もっと小粋なしゃがみ方を教えてくれるはずなのだが。

おそらく彼らは、自分のしゃがみ方がみっともないと知っているはずだ。そのうえでわざと、そんなふうにしゃがんでいるのだろう。大勢の人の中で存在を目立たせるには、かわったかっこうをするのが手っ取り早い。うんと無様なかっこうは、それだけ人の目を引く。しかも、みんなが立っている中で、しゃがんでいるのである。「かったるくて、真面目になんかやってられるかよ」というメッセージもその姿から伝わってくる。

両足を開いて立ち、肩をいからせて腕を組むのが強者のポーズだとしたら、しゃがむのは明らかに「**弱者のポーズ**」だ。そこに、ちょっと世の中を拗《す》ねて見せている彼らがいる。

そして彼らは時折、するどい一瞥《いちべつ》を道行く人に投げかけるのである。それは、「放っておいてくれよ」というサインにも、あるいは「手を差し伸べて立ち上がらせてくれよ」というサインにも見えるのだが……。

人前で入れ歯を出し入れする心理とは

年を取ってくると、自分の身なりを気にしなくなる。高齢の方の多くは、同じ服を平気で何日も着ていたりする。会社勤めをしていたころはダンディーだったのに、定年で家にこもりがちになって、すっかり身なりを気にしなくなってしまった人がいる。

こういう人を見るとつくづく、人間は社会的な生き物なのだと思わされる。社会とかかわって生きているから、服装も身だしなみも意識する。絶海の孤島で独り暮らしをしていたら、毎日同じものを着ていても何の痛痒《つうよう》も感じないだろう。

私が知っているその高齢の方は、会社勤めをしているころ、「定年を過ぎたら老醜《ろうしゅう》をさらしたくない」というのが口グセだった。隠遁《いんきょ》生活を送るようにして、団地住まいを続けているようだ。

あまり出歩かないから足腰は衰《おとろ》える。足腰が衰えるから、おしゃれをして出歩こうという気も薄れるというように、悪循環に陥《おちい》ってしまっている。こうして自分の世界に閉じこもってしまうと、まわりが気にならなくなる。

自分がどう見られているかに気をつかわなくなると、やがて人前でも、平気で入れ歯を出し入れするようになってしまうのだろうか。

いろいろな人に聞くと、総入れ歯はかなり口の中に違和感を感じるものらしい。ナイフやフォークと同じような食事の道具と割り切らなくては、つかえないという人もいる。

気持ち悪いから、無意識に出したり入れたりしてしまうのだろう。それを人がどう見るかなどは関係がない、という心理にまでなってしまえば、それはそれで世の中を達観しているしぐさとも思えるのだが。

人とすれ違う時、男と女では体のねじり方が逆になるわけ

しぐさには、男性特有のしぐさ、女性特有のしぐさがいくつかあり、それぞれ男らしさや女らしさを強調しようとする**「性別信号」**を発している。

その典型的な例をあげてみると、まず、一章でもふれたが、男性が足を大きく開いて座る座り方がある。これは、スカートを着る女性にとっては、無防備な座り方であり、下着が露出する危険があるため、まずしない座り方だ。

また、女性はイスに腰かけて足を組むと、両方の足をぴったりと合わせて斜めにかたむける。この座り方は、逆に、男性ならまずしない座り方である。男性なら、足を組んでも両方の足をぴったりと合わせず、離しているものだ。

これら座り方は、それぞれ、男らしさ、女らしさをあらわす**「性別信号」**である。

手のしぐさをあげると、女性がよく、手首をくねくねとさせるのも、「性別信号」の一例である。これは、昔の女性は、袖《そで》が長くてぴったりとした服を着ていたので、腕を動かすのが妨《さまた》げられ、自然と手首をくねくねさせるようになったことから始まったといわれて

いる。

デズモンド・モリスは、人が混み合った道でどのようにすれ違うかについての研究で、男性と女性が違うしぐさをすることがわかったと述べている。混んだ道で他人とすれ違うとき、女性は他人と反対の方向に体をねじり、背を向けてすれ違うが、男性は他人の方に向けて体をねじってすれ違うという。

これは、他人とすれ違うとき、女性は胸が他人と接触しないように、無意識のうちに反対方向へねじって胸を守っているのだという。実際に街の中を歩いている人たちを観察してみると、確かにそうであるから、おもしろい。

なぜ女性は指輪をしたがるのか

女性が、好きな男性から贈られて一番うれしいのは指輪だそうだ。「そんなことはありません」という女性は、束縛《そくばく》を嫌う、自立心の旺盛なタイプのはずだ。

最近は自立心の旺盛な女性が多くなっているから、指輪を贈られてもあまり喜ばない人が増えているのかもしれない。一種の**「自己親密性」**と言えるだろう。

女性の指輪は指を飾るだけでなく、誰かに**「保護されたい」「包まれていたい」**という心理をもあらわしている。

いままで、妻が一番うれしそうな顔をしたのは、婚約指輪を贈ったときだという印象をもっている人も多いのではないだろうか。と、そんな話をしていたら、一緒にいた女性に、「それは男の人の思い込みじゃありませんか」などと、チャチャを入れられた。

そう言われると自信はない。しかし、チャチャを入れた女性は、指輪をしておらず、バリバリのキャリアウーマンだった。

なぜ女性は化粧をするのか

女性が化粧をするのは、言うまでもなく、若く美しく見せたいから。自分は十分に若いから子どもを産み育てられる、と男性にアピールするのが、古代から続く女性が化粧をする心理のようだ。そのPR手段は同時に時代を映すことにもなる。

テレビコマーシャルが時代の最先端を映し出して見せるように、女性の化粧も時代を映し出す。かつて西欧の女性は、口紅は塗らなかったが、白粉はたっぷりとつけていたそうだ。肌が白いのは、太陽の光にさらされて外で働かなくてもいい、上流階級であることを示している。

貴族社会では、肌の白さを強調することが、自分をPRする決め手となっていた。しかしいまは、褐色の肌が若さや健康をあらわすサインになっている。紅色の口紅も若さや健康をあらわすサインとなるが、同時にみんなが同じ紅色の口紅をさせば、PR効果は薄れてしまうという問題もある。

最近は、健康を示すサインというより、自己PR効果を狙ったさまざまな色の口紅も出ている。

「素顔で歩くのは裸で歩くようで恥ずかしい」という女性もいる。見せたい自分をうまく演出できる人、ということができるかもしれない。内向的な性格を明るくかえたり、疲れた表情を抑えたり、上手に装うことで、**「見せたい自分」**を演出している。

男性から見ると、女性の本質がわかりにくいのは、化粧でうまく演出しているからかもしれない。

なぜ女性は相手をじっと見つめるのか

初対面の女性にじっと見つめられて、「この人は自分に気があるのではないのか」とうれしくなってしまった男性もけっこういるのではないか。残念ながらこれは勘違いだ。あなたに気があるわけではなく、女性にはそういう習性があると思っていたほうが落胆しなくてすむ。

いろいろな人の調査で、女性のほうが男性より、相手に対して多く視線を向けることが明らかにされている。

ではなぜ、女性は相手をじっと見つめるのだろうか。これまで女性は、社会的に受け身の存在だったので、その分だけ相手の気持ちをよく読み取ろうとするというのが、一般的な見解だ。

これまでの長い歴史で、女性には協調性や、他人への配慮が求められてきた。それにこたえるためには、相手の表情やしぐさを読み、自分の行動を決めなくてはならない。それが、習性になっているということだろう。

よく女性は勘《かん》が鋭いと言われる。これは相手をよく見て、じっくり**「観察する」**習慣が身についているからと考えられる。じっと見るというのは、逆にじっと見られることにも耐えられるということである。

私はむしろ、こちらのほうが、女性の隠れた強みをよくあらわしているのではないのかとさえ思う。残念ながら私は、女性にじっと見つめられると、恥ずかしくて目をそらしてしまう。見つめられることに耐えられない、ひ弱さがありそうだ。

見つめられることが平気だから、じっと相手を見られる。その分だけ相手のリアクションもわかる。「わりと気弱な男なのね」と見透かされているようで、落ち着かない。

長い歴史の中で、女性たちは、そういう鋭い観察眼を隠しながら、受け身の姿勢をとり続けてきたのではないのかとも思うのだが。

なぜ女性は〝井戸端会議〟をするのか

女三人寄ると「姦《かしま》しい」と言う。昔の井戸端会議は、いまは道端や公園に場所をかえても脈々と続けられている。

たとえば、道端でチリトリと箒《ほうき》を持って話し込んでいるご婦人の横を通って出かけ、買い物をすませて小一時間で戻ってくると、同じ場所で同じように話し込んでいたというようなことが何度もある。

なぜ、チリトリと箒を持ったまま、一時間も話さなくてはならないのか、そこのところが男にはわからない。そんなに話したいことがあるなら、家の中でお茶でも飲みながらじっくりと話せばいいではないか。

私は、友達と酒を飲みながら、深夜まで話し込んだことは数え切れないくらいあるが、チリトリと箒を持ったまま道端で話し込むなどということは、長い生涯の中でただの一度もなかった。

しかし女性の場合、似たような光景は、ここかしこで見かけるのである。買い物袋を持っていたり、洗濯物を抱えていたりしながら、彼女たちは延々と話し込んでいる。時間、場所を選ばず、しゃべりたくなったら、ただちにそこで井戸端会議を始めるのは、女性特有のことであると断言できる。

男同士なら間違いなく、「お茶でも飲みながら話しましょうか」とか、「一杯やりながら聞こうか」ということになる。

あまり不思議に思ったので、いったい何をそんなに夢中で話しているのか、それとなく聞いてみたことがある。子どもの話、咲いている花の話、料理の話、イジメッ子の話、近所の人の陰口、再び前の料理のレシピの話……と延々と続いていく。しかもこれでも最初の二〇分ぐらい。疲れて、そこで観察は打ち切ってしまった。

短い時間だけの感じで言えば、聞くよりも話すことに比重がおかれているようだった。

「そうね」とか、「ウンウン、うちも同じよ」などと言っているが、その後にすぐ、「そう言えば、お宅に咲いているお花はきれいね」などと、あっさり話題がかわってしまう。前の話はどうなったんだと思うが、そんなことは関係がないらしい。

これはちょっと、男同士がほろ酔い加減で気持ちよく話している状態に似ている。自分が言いたいことを言い合って、**「ストレスを解消」**する。男は気の合った友達を選んで、酒場にでもいかなければできないようなことを、女性は、相手も場所も選ばずできるのかもしれない。

それだけストレスがたまっているのか、あるいは、ストレスがたまりにくいある種のしなやかさをもっているのか……。

なぜ男性は理屈っぽいのか

男の理屈っぽさも習性のようなものである。

長い歴史の中で女性が受け身の立場にまわっていたとしたら、男性は、能動的に社会にかかわることを求められてきた。「あの人は嫌い」という感情だけでは、社会とはかかわれない。

「嫌いだけど、仕事ができることは認めざるを得ない」と考えれば、理屈で自分を納得させ、仕事上のつき合いはうまくやろうと努力する。どこかで、「好悪のことは言うべきではない」と、堅苦しく考えているところがある。

その分、理屈が多くなる。ただ、理屈は理屈である。

「男の人は理屈っぽい」というのは、じつは女性の見方。「理屈っぽい」と言われるからには、すんなり説得できる力がなく、理屈でごまかしているというニュアンスがあるのだろう。これはするどい指摘で、じつは男の本質をついている。

男性は母親の胎内でホルモンシャワーを浴びて、男性になると言われている。こうしてつくり出される男性ホルモンは、右脳を発達させる特徴をもっている。右脳は空間とか、直感力とか、感情を支配する。

つまり男性は生まれたときは、ロマンチストで芸術家肌の素養をもっているわけだ。女性ホルモンには、このような働きはないとされるから、女性は右脳も、論理や言語をつかさどる左脳も均一に発達させて生まれてくる。

女の子のほうが早く言葉を覚えて、おしゃまになるのはこのためと言われている。

しかし、前に書いたように男性は、その後のしつけや社会的な習慣の中で、「男らしく」論理的で、能動的に社会にかかわることを期待されて、そのような習性を身につけていく。そういう環境の中で懸命に左脳を発達させていくから、そこにアンバランスが生じるのだ。

しかも、右脳と左脳を連絡させる脳梁《のうりょう》は、一般に女性のほうが太いと言われている。脳梁を二つの脳をつなぐ電線のようなものと考えれば、女性のほうが太い電線で、両方の脳の情報交換を頻繁におこなっているとも考えられる。

一方、男性は右脳でつくられる豊かなイメージを、細い電線をつかって無理やり発達させた言語中枢に送り込み、理屈にかえていると考えたらどうだろう。懸命に理屈を言っているはずなのに、思いは半分ぐらいしか伝わらない、というもどかしさも出てくるのではないのか。

つい面倒になって、「最後は力の勝負だ」と思ってしまうから、説得力をもつ理屈にならない。「理屈っぽい」段階で、とどまってしまっているのかもしれない。

男性がパンツ一枚で部屋の中を歩き回る心理とは

友人にちょっと変わったのがいて、男同士で気楽な旅をすると、旅館でかならずパンツ一枚になり、喜々として部屋を歩きまわっている。

子どもが女の子ばかりで、家でそんなことをすると軽蔑《けいべつ》されて口も利いてもらえないから、いつも窮屈な思いをしているのだそうだ。「女の子をもってみないと、このうれしさはわからないよ」などと言っている。

そういえば、「夕涼み　よくぞ男に　生まれけり」という川柳もある。

服を着込んで装うことが、女性らしさをあらわすのだとしたら、服を脱いで裸体をさらすのが、**「男らしさ」**をあらわすシンボルなのかもしれない。たるんだ中年腹に男らしさがあらわれているかどうかは別だ。だが、男しかできないかっこうをして、「ウン、オレは男だ」という満足感を味わいたいという気分はわからないでもない。

プールや砂浜で、水着一つになると、年甲斐《としがい》もなく走りまわりたくなる。あるいは、そんなかっこうで獲物を追いかけていた遠い時代の記憶が、突然目覚めるのかもしれない。温泉につかって「暑い」と言ってはパンツ一枚になり、酔って「体が火照《ほて》った」といってては浴衣を脱いでしまう。

みんなから「おまえは露出狂か」などとイヤミを言われる彼も、翌日はダンディーにスポーツシャツを着こなし、いそいそとお土産を買って、娘たちが待つ家に帰っていくのである。

酔ったおじさんたちが肩を組んで歩く心理とは

男性は、わりあい相手との距離を意識する。どんなに親しくても、男同士が腕を組んだり肩をくっつけて歩くことは、まずない。

しかし男性はいつも、いわば裃《かみしも》をつけて歩いているようなもので、気軽さを装っていても、「公私の公」という意識は強くもっている。

この意識があるから、酔って裃を脱ぎ捨ててしまうと、にわかにだらしなくなってしまう。もっとも、酔いたいと思うこと自体が、意識の中の裃を脱ぎ捨てたいということだ。

問題は、その裃の下に何を着ているかということ。

いまどきの若い人たちは、いろいろな場面に合わせて上手な着こなしを身につけている。しかし、中年以上の人たちの中には、人前で着られる服は、スーツとゴルフウエアぐらいという人が少なくない。

社内旅行のときに、ゴルフウエアでいく人も、以前はけっこういたものだ。シチュエーションに合わせて、いろいろな自分を演出する術《すべ》をもっていなかったということだ。「公私」の区別ははっきりとあるが、それしかなかった。「公」でなければ「私」なのである。

その中間がない。黒か白だけでグレーがない。だから、酔って袢を脱いでしまうと、下には、シャツとステテコぐらいしか身につけていないということになる。

酔って肩を組んで歩きたくなるのは、この状態のときだ。中高年でもかなり「高」の部分が多くなってきた人たちが、よく無邪気《むじゃき》に肩を組んで歩いている。軍隊で同じ釜の飯を食ったとか、学校の寮で寝起きを共にした仲間たちが、思い切りくつろいで歩いている。

そんな姿を見ると、ちょっとうらやましくなったりもする。私たちは袢も着るし、TPOに合わせて、それなりの装いもする。いろいろな自分を演出するようになったいま、逆に、無邪気に肩を組んで歩ける素顔の自分を、忘れかけているような気もするのだ。

さて、ここまで、さまざまなしぐさの心理について述べてきた。無意識のしぐさにあらわれる心理を探ることほど、興味深い人間観察はない。

そしてこのマンウォッチングが、ビジネスの人間関係から、親子、友人、恋愛の人間関係まで、コミュニケーションをうまく築いていくうえで、重要な鍵を握っているのである。これからのコミュニケーションに、ぜひ役立てていただきたい。

●参考文献

「マンウォッチング　上・下」デズモンド・モリス著　藤田統訳（小学館）
「ジェスチュア」デズモンド・モリス他著　多田道太郎・奥野卓司訳（角川書店）
「身ぶりとしぐさの人類学」野村雅一（中央公論社）
「ヨーロッパ人の奇妙なしぐさ」ピーター・コレット著　高橋健次訳（草思社）
「しぐさの日本文化」多田道太郎（角川書店）

本書は、１９９９年5月に同タイトルで刊行されたＫＡＷＡＤＥ夢新書の新装版です。

しぐさで心理を読む方法

2022年11月20日　初版印刷
2022年11月30日　初版発行

著者◉山辺 徹

企画・編集◉株式会社夢の設計社
東京都新宿区山吹町261　〒162-0801
電話 (03)3267-7851(編集)

発行者◉小野寺優

発行所◉株式会社河出書房新社
東京都渋谷区千駄ヶ谷2-32-2　〒151-0051
電話 (03)3404-1201(営業)
https://www.kawade.co.jp/

印刷・製本◉中央精版印刷株式会社

Printed in Japan　ISBN978-4-309-50442-1